クイズでスポーツがうまくなる
知ってる？
水泳

はじめに

子《こ》どものうちに基本《きほん》を身《み》につけて 水泳《すいえい》を通《とお》して豊《ゆた》かで楽《たの》しい毎日《まいにち》を！

この本《ほん》では、水泳《すいえい》についての基本《きほん》をクイズ形式《けいしき》で紹介《しょうかい》しています。クイズに挑《ちょう》戦《せん》してみましょう。正解《せいかい》でなくてもかまいません。どんどん読《よ》み進《すす》め、水泳《すいえい》についてくわしくなりましょう！

ぜひプールで答《こた》え合《あ》わせをしてみてください。水《みず》に慣《な》れ、用具《ようぐ》を使《つか》って、クイズに出《で》てきた内容《ないよう》を確認《かくにん》してみます。そして、クロール、背泳《せおよ》ぎ、平泳《ひらおよ》ぎ、バタフライ、それぞれの泳《およ》ぎに挑戦《ちょうせん》してみてください。クイズを思《おも》い出《だ》しながら、こんな感《かん》じかな？　こうしたらどうかな？と自分《じぶん》の体《からだ》で試《ため》してみるのです。うまくいかなくても大丈夫《だいじょうぶ》。あきらめずにくり返《かえ》していけば、きっと、あなたなりの発《はっ》見《けん》があり、水泳《すいえい》の楽《たの》しみを見《み》つけられるはず。その発見《はっけん》こそ、上達《じょうたつ》への一歩《いっぽ》です。

水泳《すいえい》というスポーツは、一人《ひとり》だけですることもできれば、家族《かぞく》や友《とも》だちと一緒《いっしょ》にすることもできますし、体作《からだづく》りや体力《たいりょく》増進《ぞうしん》のために一生《いっしょう》できるのも特徴《とくちょう》です。ぜひ子《こ》どものうちに基本《きほん》を身《み》につけ、水《すい》泳《えい》を通《とお》して豊《ゆた》かで楽《たの》しい毎日《まいにち》を過《す》ごしてほしいと思《おも》います。

村上二美也《むらかみふみや》

この本《ほん》の使《つか》い方《かた》

この本《ほん》では、水泳《すいえい》をするときに、みなさんが疑問《ぎもん》に思《おも》うことや、体《からだ》の使《つか》い方《かた》がうまくなるためのコツ、練習《れんしゅう》のポイントなどをクイズ形式《けいしき》で紹介《しょうかい》していきます。初級《しょきゅう》から上級《じょうきゅう》まで、問題《もんだい》レベルが一目《ひとめ》でわかるようになっています。ぜひ、上級問題《じょうきゅうもんだい》にも答《こた》えられるように挑戦《ちょうせん》してみてください。

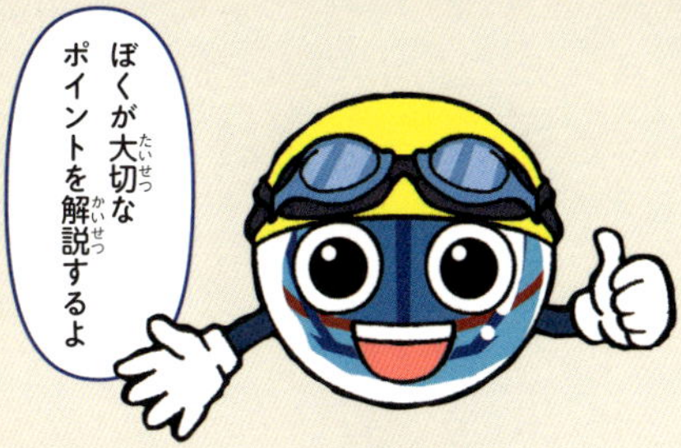

この本《ほん》のキャラクター
スイムくん

問題《もんだい》と答《こた》えのマークについて

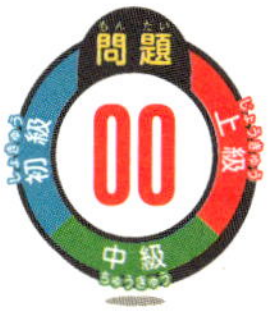

クイズのマークです。初級《しょきゅう》、中級《ちゅうきゅう》、上級《じょうきゅう》に分《わ》かれています

00の答《こた》え

クイズの解答《かいとう》です

そのほかのマークについて

[ヒント]
問題《もんだい》のヒントです。問題《もんだい》がむずかしいときは見《み》てください

[なんで?]
正解《せいかい》の理由《りゆう》、疑問《ぎもん》に思《おも》うポイントをくわしく解説《かいせつ》しています

[ポイント]
競技《きょうぎ》に生《い》かせるワンポイントアドバイスです

[トライ]
競技《きょうぎ》に生《い》かすために、やってみてほしい練習《れんしゅう》です

[用語説明《ようごせつめい》]
水泳《すいえい》の専門用語《せんもんようご》などを解説《かいせつ》しています。用語《ようご》は140ページのさくいんでも調《しら》べられます

[OK]
動作《どうさ》のいい例《れい》です

[NG]
動作《どうさ》の悪《わる》い例《れい》です

もくじ

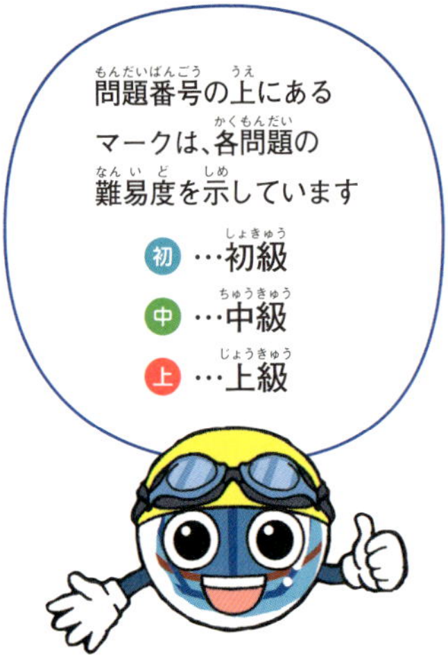
問題番号《もんだいばんごう》の上《うえ》にある
マークは、各問題《かくもんだい》の
難易度《なんいど》を示《しめ》しています
初 …初級《しょきゅう》
中 …中級《ちゅうきゅう》
上 …上級《じょうきゅう》

はじめに …… 2
この本《ほん》の使《つか》い方《かた》 …… 3

第《だい》1章《しょう》　水泳《すいえい》の基本《きほん》

初 Q1 泳《およ》ぎを覚《おぼ》えるために最初《さいしょ》にすることは？ …… 9
トライ！　水《みず》に顔《かお》をつけてみよう！ …… 10
初 Q2 呼吸《こきゅう》はどうやってするの？ …… 11
初 Q3 4泳法《えいほう》の泳《およ》ぎ方《かた》と名前《なまえ》を結《むす》びましょう …… 13
初 Q4 短水路《たんすいろ》と長水路《ちょうすいろ》の長《なが》さは？ …… 15
初 Q5 水《みず》に浮《う》かぶ姿勢《しせい》をなんという？ …… 17
トライ！　けのびからの立《た》ち方《かた》を覚《おぼ》えよう …… 20
中 Q6 水《みず》を引《ひ》き寄《よ》せる動作《どうさ》をなんという？ …… 21

第《だい》2章《しょう》　クロール

初 Q7 クロールのキックで正《ただ》しいのは？ …… 25
初 Q8 腰《こし》かけキックの正《ただ》しいやり方《かた》は？ …… 27
中 Q9 バタ足《あし》の正《ただ》しいやり方《かた》は？ …… 31
初 Q10 バタ足練習《あしれんしゅう》のときの上半身《じょうはんしん》の姿勢《しせい》は？ …… 33
中 Q11 クロールの手《て》の回《まわ》し方《かた》で正《ただ》しいのは？ …… 35
トライ！　プールサイドで練習《れんしゅう》しよう …… 37
上 Q12 クロールの呼吸《こきゅう》の仕方《しかた》は？ …… 39
トライ！　ビート板《ばん》を使《つか》って練習《れんしゅう》しよう …… 41
トライ！　クロールの練習法《れんしゅうほう》
「片手伸《かたての》ばしサイドブレス」 …… 42
中 Q13 呼吸《こきゅう》をするときの目線《めせん》で正《ただ》しいのは？ …… 43
中 Q14 ビート板《ばん》の持《も》ち方《かた》は？ …… 45
トライ！　片手《かたて》をビート板《ばん》に乗《の》せて片手《かたて》を回《まわ》す／
ビート板《ばん》なしで …… 47
トライ！　クロールを泳《およ》いでみよう！ …… 48

第3章《だいしょう》　背泳《せおよ》ぎ

初　Q15　背浮《せう》きはなんの生《い》き物《もの》の泳《およ》ぎ方《かた》と似《に》ている？……51
トライ！　背浮《せう》きから潜《もぐ》ってみよう！……54
中　Q16　バタ足《あし》キックのポイントは？……55
トライ！　プールサイドで寝《ね》てキック練習《れんしゅう》……57
トライ！　背泳《せおよ》ぎの練習法《れんしゅうほう》「ショルダーアップキック」……58
中　Q17　水《みず》をかく方向《ほうこう》として正《ただ》しいのは？……59
中　Q18　手《て》の動《うご》きのイメージで近《ちか》いのは？……62
トライ！　プールサイドで手《て》の回《まわ》し方《かた》を練習《れんしゅう》してみよう……62
トライ！　左右《さゆう》の手《て》を連続《れんぞく》して動《うご》かしてみよう……64
初　Q19　背泳《せおよ》ぎの呼吸《こきゅう》の仕方《しかた》は？……65
中　Q20　目線《めせん》の方向《ほうこう》として正《ただ》しいのは？……67
トライ！　背泳《せおよ》ぎからクロールに入《い》れ替《か》えてみよう……69
トライ！　背泳《せおよ》ぎの練習法《れんしゅうほう》「プッシュキック」……70
トライ！　背泳《せおよ》ぎを泳《およ》いでみよう！……72

第4章《だいしょう》　平泳《ひらおよ》ぎ

初　Q21　平泳《ひらおよ》ぎの足《あし》の動《うご》きと似《に》ている動《うご》きをする生《い》き物《もの》は？……75
初　Q22　平泳《ひらおよ》ぎのキックではないのは？……77
トライ！　腰《こし》かけキック／うつぶせキック……80
トライ！　壁《かべ》キック……81
トライ！　平泳《ひらおよ》ぎの練習法《れんしゅうほう》「背面《はいめん》キック」……82
中　Q23　平泳《ひらおよ》ぎの手《て》の動《うご》かし方《かた》は？……83
中　Q24　平泳《ひらおよ》ぎで息《いき》を吸《す》うタイミングは？……87
中　Q25　手《て》と足《あし》はどう動《うご》かす？……89
中　Q26　よく進《すす》むのはどっちの泳《およ》ぎ方《かた》？……91
トライ！　平泳《ひらおよ》ぎの練習法《れんしゅうほう》「スリーキックワンストローク」……93
トライ！　平泳《ひらおよ》ぎを泳《およ》いでみよう！……94

第《だい》5章《しょう》　バタフライ

初 Q27 バタフライのキックをなんという？ …… 97
初 Q28 バタフライのキックの回数《かいすう》は？ …… 99
トライ！ バタフライのキック練習《れんしゅう》 …… 101
トライ！ バタフライの練習法《れんしゅうほう》「体側《たいそく》キック」 …… 102
中 Q29 バタフライの手《て》の使《つか》い方《かた》は？ …… 103
トライ！ プールサイドで手《て》の動《うご》きを練習《れんしゅう》してみよう …… 105
中 Q30 呼吸《こきゅう》を入《い》れるタイミングは？ …… 107
トライ！ バタフライの練習法《れんしゅうほう》「片手《かたて》バタフライ」 …… 109
トライ！ バタフライを泳《およ》いでみよう！ …… 110

第《だい》6章《しょう》　もっと試合《しあい》で勝《か》つために知《し》っておこう

初 Q31 レースで使《つか》わないものは？ …… 113
中 Q32 どんな水着《みずぎ》を着《き》るの？ …… 115
中 Q33 レース前《まえ》の食事《しょくじ》でふさわしくないのは？ …… 117
中 Q34 レースに出《で》るために集《あつ》まる場所《ばしょ》は？ …… 117
初 Q35 スタートで飛《と》び込《こ》まない種目《しゅもく》は？ …… 119
中 Q36 フライングは何回《なんかい》まで？ …… 121
中 Q37 自由形《じゆうがた》のルールで失格行為《しっかくこうい》ではないのは？ …… 123
上 Q38 メドレーリレーの正《ただ》しい順番《じゅんばん》は？ …… 125
上 Q39 潜《もぐ》ってのドルフィンキックはなんメートルまでできる？ …… 128
中 Q40 バタフライで違反《いはん》ではないのは？ …… 131
中 Q41 レースの前《まえ》と後《あと》にやったほうがいいことは？ …… 133
上 Q42 ターンするときのタッチの仕方《しかた》は？ …… 135

しっかりストレッチをしよう！ …… 138

用語集《ようごしゅう》（さくいん） …… 140
おわりに …… 142

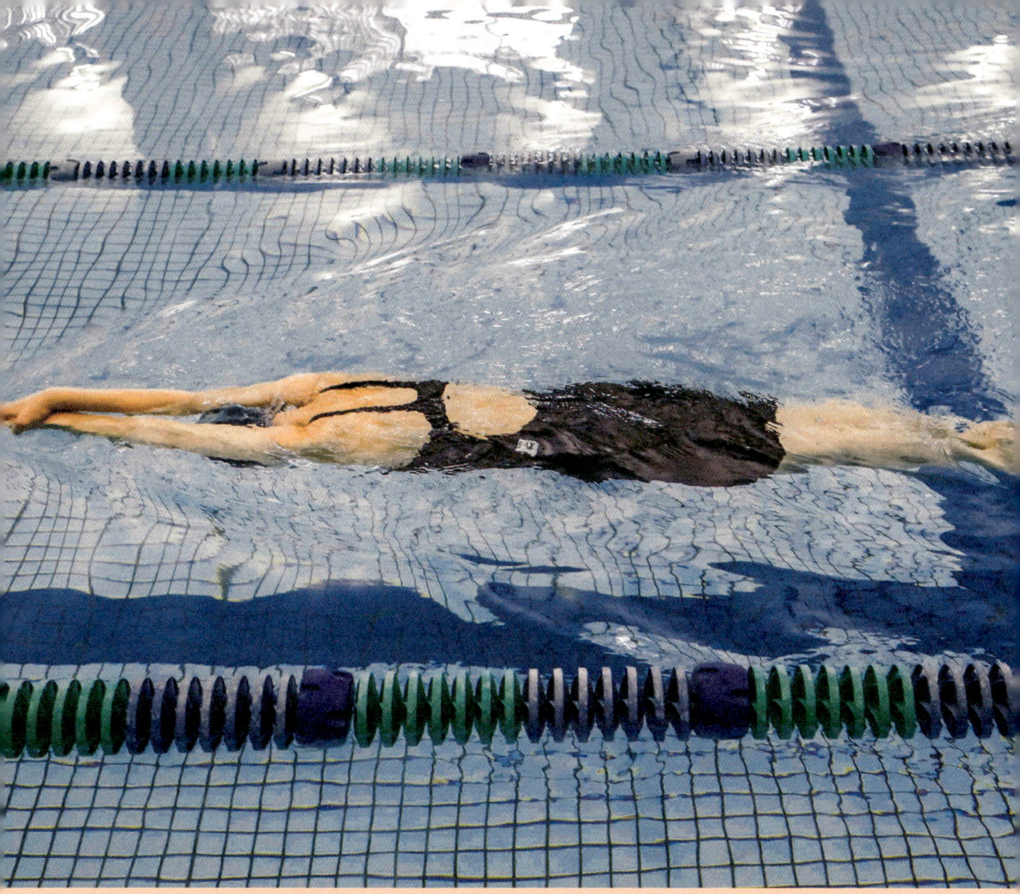

第《だい》 1 章《しょう》

水《すい》泳《えい》の基《き》本《ほん》

基本《きほん》を正《ただ》しく理解《りかい》して水泳《すいえい》の楽《たの》しさを知《し》ろう

まずは水泳《すいえい》を好《す》きになる正《ただ》しい姿勢《しせい》、動《うご》きを意識《いしき》

泳《およ》ぐのがうまくなるために大切《たいせつ》なことは、「水泳《すいえい》を好《す》きになる」ことです。好《す》きという気持《きも》ちが興味《きょうみ》をかきたて、自分《じぶん》なりに練習《れんしゅう》をくふうしたり、うまくなろうと努力《どりょく》するからです。

ただし、やみくもに練習《れんしゅう》を続《つづ》けていても、正《ただ》しい泳《およ》ぎは身《み》につきません。大切《たいせつ》なのは、基本《きほん》をしっかり身《み》につけること。基本《きほん》を正《ただ》しく理解《りかい》し、くり返《かえ》し練習《れんしゅう》することで、水泳《すいえい》の楽《たの》しさを体《からだ》で知《し》ることができると思《おも》います。

水泳《すいえい》は姿勢《しせい》がとても重要《じゅうよう》なスポーツでもあります。正《ただ》しい姿勢《しせい》で、正《ただ》しい動《うご》きをすることが大事《だいじ》。このことをとくに意識《いしき》して日々《ひび》の練習《れんしゅう》に取《と》り組《く》みましょう。

問題《もんだい》
初級《しょきゅう》
01

泳《およ》ぎを覚《おぼ》えるために最初《さいしょ》にすることは?

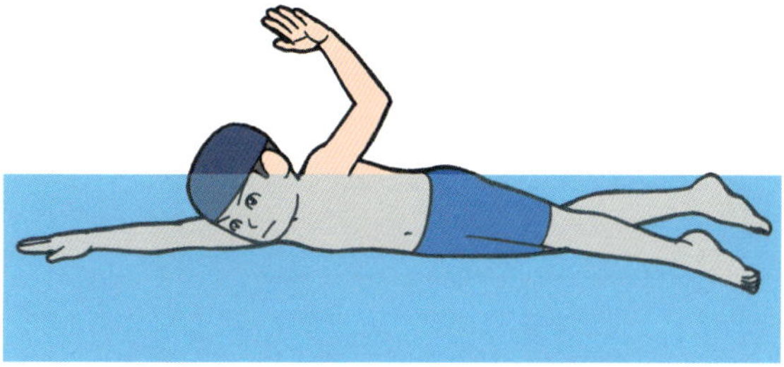

**泳《およ》ぎを覚《おぼ》えるために最初《さいしょ》に
練習《れんしゅう》する大切《たいせつ》なことがあります。
それは□に慣《な》れることです。
□の中《なか》に入《はい》る漢字《かんじ》は？**

小《ちい》さい子《こ》はこれが
苦手《にがて》な子《こ》もいるね。
お風呂《ふろ》でこれに
慣《な》れるのもいいかも！

＼ヒント／
hint

水泳《すいえい》は陸上《りくじょう》で行《おこな》う競技《きょうぎ》ではありません。だから□に慣《な》れることが大切《たいせつ》です。

答《こた》えがわかったらページをめくってね

01の答《こた》え ▼ 水《みず》

なんで

水《みず》の中《なか》で行《おこな》うスポーツだから

水泳《すいえい》はプールや海《うみ》、湖《みずうみ》などの水《みず》の中《なか》で行《おこな》うスポーツです。そのため、まずは水《みず》に慣《な》れることが大切《たいせつ》。顔《かお》を水《みず》につけることから始《はじ》め、水《みず》の中《なか》で目《め》を開《あ》けられるかどうか練習《れんしゅう》してみましょう。慣《な》れてきたら水《みず》の中《なか》で鼻《はな》から息《いき》を吐《は》いてみましょう。水慣《みずな》れのときは、ゴーグルは使《つか》わずに。ただし、アレルギーのある人《ひと》はゴーグルをつけてかまいません。また、視《し》力《りょく》の低《ひく》い人《ひと》は度付《どつ》きのゴーグルを使《つか》ってみましょう！

トライ！ 水《みず》に顔《かお》をつけてみよう！

▲壁《かべ》を両手《りょうて》でつかんで体《からだ》を安定《あんてい》させよう　▲顔《かお》を水《みず》につけたら、目《め》を開《あ》けてみよう！

NG! 水中《すいちゅう》で目《め》を閉《と》じないように

POINT 遊《あそ》びながら水《みず》に慣《な》れる

水慣《みずな》れをするとき、顔《かお》に水《みず》をつけるのが怖《こわ》いという場合《ばあい》、まずは友《とも》だちと水《みず》をバシャバシャかけあいっこしてみましょう。水《みず》と仲《なか》よく、友《とも》だちになる気分《きぶん》で！

問題《もんだい》02

初級《しょきゅう》

呼吸《こきゅう》はどうやってするの？

水泳《すいえい》は泳《およ》ぎながら呼吸《こきゅう》をします。
水《みず》の中《なか》では□から息《いき》を出《だ》し、
水《みず》の上《うえ》で○から息《いき》を吸《す》います。
□と○に入《はい》る、体《からだ》の部分《ぶぶん》は？

答《こた》えがわかったらページをめくってね

02の答《こた》え ▼ □=鼻《はな》、○=口《くち》

▶水《みず》の中《なか》では鼻《はな》から息《いき》を出《だ》す

▶口《くち》から息《いき》を吸《す》う

なんで

水《みず》を飲《の》まないようにする

水《みず》の中《なか》で息《いき》を出《だ》すのは鼻《はな》です。口《くち》ではありません。水中《すいちゅう》で口《くち》を開《あ》けると水《みず》を飲《の》んでしまう危険性《きけんせい》があるので水《みず》の中《なか》では必《かなら》ず鼻《はな》から出《だ》しましょう。そして水《みず》から顔《かお》を上《あ》げたときに口《くち》から息《いき》を吸《す》います。

問題《もんだい》 03

初級《しょきゅう》

水泳《すいえい》には、おもに4つの泳法《えいほう》があります。泳《およ》ぎ方《かた》と名前《なまえ》を結《むす》んでみましょう。

1 ●

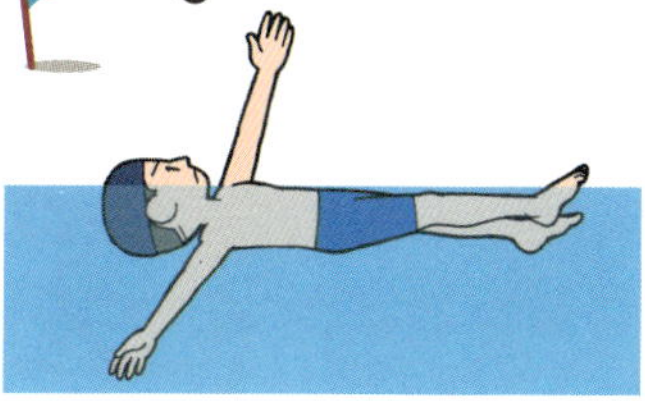

2 ●

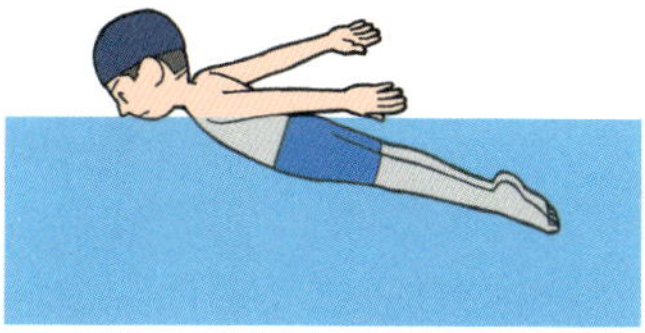

3 ●

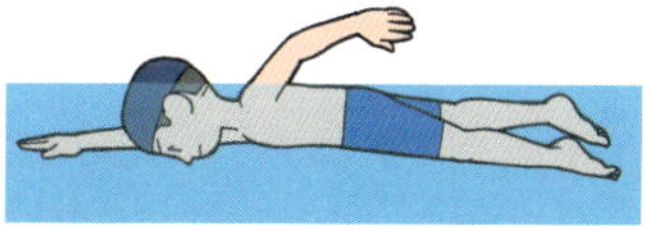

4 ●

● あ クロール

● い 平泳《ひらおよ》ぎ

● う 背泳《せおよ》ぎ

● え バタフライ

答《こた》えがわかったらページをめくってね

03の答《こた》え

▼ 1－う、2－え、3－あ、4－い

1－う

背泳《せおよ》ぎ

2－え

バタフライ

3－あ

クロール

4－い

平泳《ひらおよ》ぎ

これ知《し》ってる?

クロールという種目《しゅもく》はない

平泳《ひらおよ》ぎ、背泳《せおよ》ぎ、バタフライはそれぞれ試合《しあい》に種目《しゅもく》がありますが、クロールという種目《しゅもく》はありません。競技《きょうぎ》や記録会《きろくかい》では「自由形《じゆうがた》（フリースタイル)」でクロールを行《おこな》う選手《せんしゅ》が多《おお》いです。

問題《もんだい》 04
初級《しょきゅう》

競泳用《きょうえいよう》プールには2種類《しゅるい》あります。短水路《たんすいろ》は○m、長水路《ちょうすいろ》は△mです。

1. 25
2. 50
3. 100
4. 200

学校《がっこう》のプールはなんメートルだったかな？

ヒント
hint

△は○の2倍《ばい》です。

04の答《こた》え ▶ ○=1 25、△=2 50

▲写真《しゃしん》は長水路《ちょうすいろ》の50m プール

これ知《し》ってる?

それぞれの大会《たいかい》がある

競泳用《きょうえいよう》プールには長水路《ちょうすいろ》と短水路《たんすいろ》があります。短水路《たんすいろ》が25mプールで長水路《ちょうすいろ》が50mプールです。それぞれで大会《たいかい》が行《おこな》われており、オリンピックは長水路《ちょうすいろ》です。長水路《ちょうすいろ》、短水路《たんすいろ》ともに世界記録《せかいきろく》や日本記録《にほんきろく》があります。短水路《たんすいろ》はターンの回数《かいすう》が多《おお》いため、長《ちょう》水路《すいろ》より速《はや》いタイムが出《で》ます。

問題《もんだい》 05
初級《しょきゅう》

この姿勢《しせい》をなんと言《い》うでしょう?

1 せうき

2 けのび

3 またたび

体《からだ》がまっすぐに
伸《の》びているね

答《こた》えがわかったらページをめくってね

05の答《こた》え ▶ 2 けのび

▶ストリームライン

手《て》の先《さき》から足《あし》の先《さき》までまっすぐに水《みず》の抵抗《ていこう》を減《へ》らした姿勢《しせい》

これ知《し》ってる？

けのびは泳《およ》ぎの基本姿勢《きほんしせい》

けのびは泳《およ》ぎの基本姿勢《きほんしせい》です。両手《りょうて》を前《ぜん》方《ぼう》に伸《の》ばし、両腕《りょううで》で両耳《りょうみみ》をはさみ、手《て》は重《かさ》ね、両足《りょうあし》をそろえて水面《すいめん》に浮《う》くか、または水中《すいちゅう》でこの姿勢《しせい》をとります。この姿勢《しせい》がしっかりとれるようになれば基本《きほん》ができていることになります。ちなみに漢字《かんじ》では蹴《け》伸《の》びと書《か》きます。また、一般《いっぱん》にストリームラインとも言《い》います。

POINT

けのびのやり方《かた》!

水上《すいじょう》

壁《かべ》を背《せ》にして立《た》つ。このとき、壁《かべ》を蹴《け》るように準備《じゅんび》

手《て》を重《かさ》ねて前方《ぜんぽう》へ伸《の》ばして両手《りょうて》の間《あいだ》に頭《あたま》を入《い》れる。両腕《りょううで》で耳《みみ》をはさむようにする

頭《あたま》を入《い》れたまま壁《かべ》を蹴《け》る

体《からだ》をまっすぐにして前《まえ》に進《すす》む

水中《すいちゅう》

トライ! けのびからの立《た》ち方《かた》を覚《おぼ》えよう

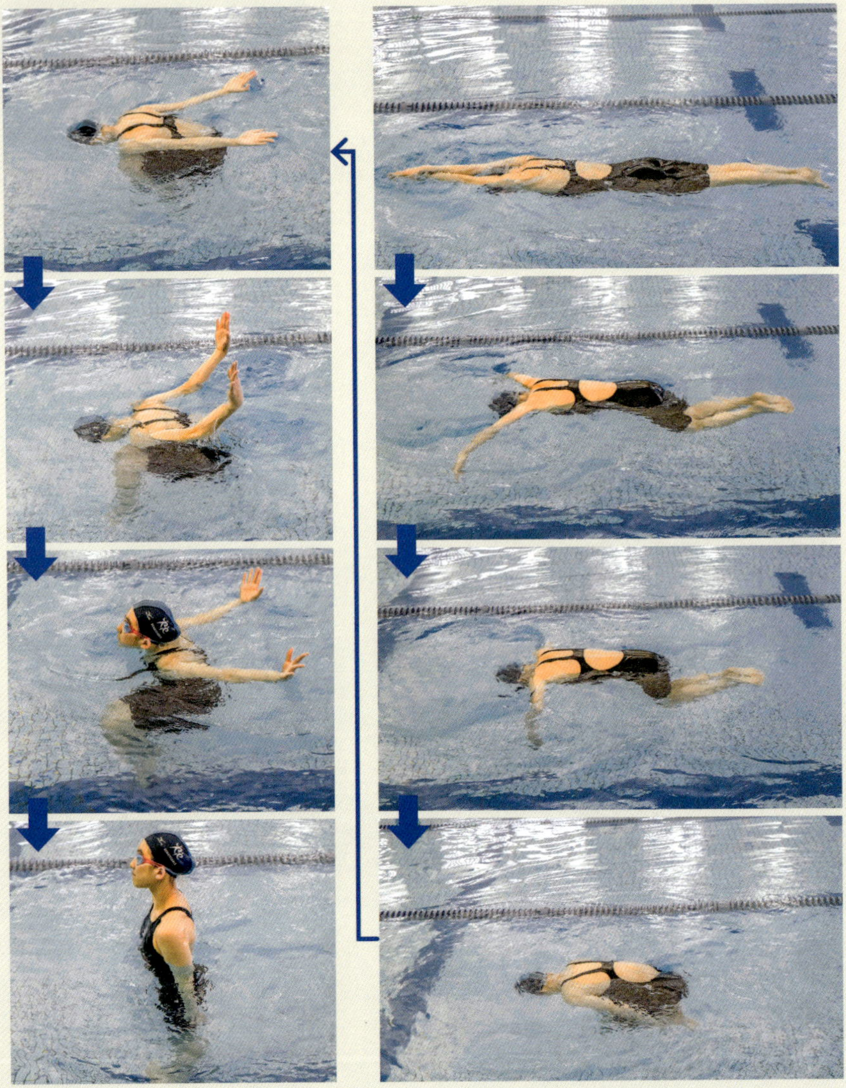

やりかた

けのびで体《からだ》をまっすぐに伸《の》ばした状《じょう》態《たい》から、手《て》とヒザを曲《ま》げながら体《からだ》を丸《まる》めていく。手《て》が水面《すいめん》から出《で》るように後方《こうほう》に上《あ》げていくと体《からだ》が立《た》ち上《あ》がってくるので、足《あし》を床《ゆか》にしっかりついて立《た》ち上《あ》がる。

問題《もんだい》 06
中級《ちゅうきゅう》

手《て》で水《みず》を引《ひ》き寄《よ》せる動作《どうさ》をなんという？

水中《すいちゅう》で前《まえ》へ進《すす》むために
水《みず》をつかむ動作《どうさ》をキャッチ、
水《みず》を引《ひ》き寄《よ》せる動作《どうさ》を〇〇と言《い》い、
水《みず》を押《お》し出《だ》す動作《どうさ》をプッシュ
またはフィニッシュと言《い》います。
〇〇に入《はい》るのはどれ？
次《つぎ》の３つから選《えら》びましょう。

1 プル

2 サル

3 ハル

答《こた》えがわかったらページをめくってね

06の答《こた》え

▼

1

プル

クロールの1ストローク

キャッチ

プル

↓

プッシュ（フィニッシュ）

↓

リカバリー

これ知《し》ってる？

一連《いちれん》の動作《どうさ》を1ストロークと言《い》う

腕《うで》を水中《すいちゅう》に入《い》れる動作《どうさ》をエントリーと言《い》い、キャッチ、プル、プッシュ（またはフィニッシュ）から、リカバリーと腕《うで》を動《うご》かす、この一連《いちれん》の動作《どうさ》を1ストロークと言《い》います。

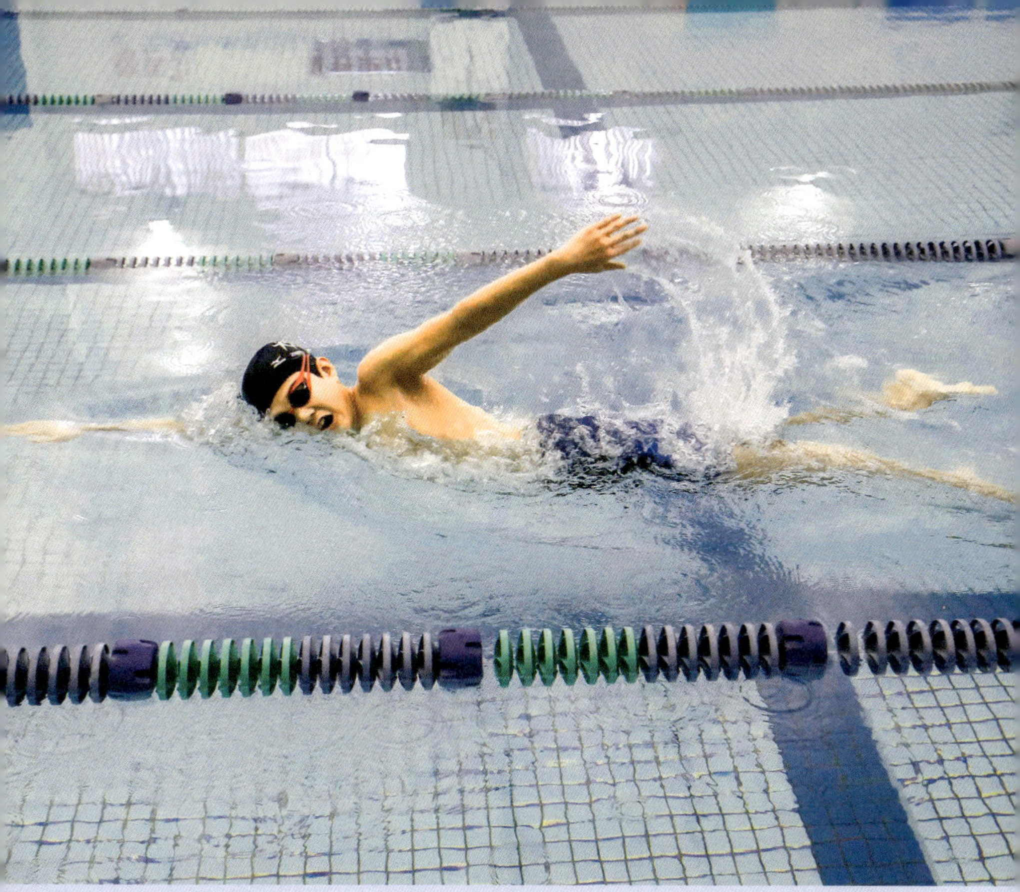

第《だい》2章《しょう》

クロール

クロールで泳《およ》ぎの基本《きほん》を覚《おぼ》えていこう！

手足《てあし》をバランスよく動《うご》かし姿勢《しせい》、呼吸動作《こきゅうどうさ》を身《み》につける

　クロールは4泳法《えいほう》の中《なか》で、もっともスピードが速《はや》い泳《およ》ぎです。多《おお》くの場合《ばあい》、スイミングスクールで最初《さいしょ》に習《なら》う泳《およ》ぎがこのクロールです。両腕《りょううで》、両足《りょうあし》をしっかり動《うご》かすことは4泳法《えいほう》すべてに必要《ひつよう》なことなので、次《つぎ》のステップに進《すす》むためにも、クロールで手足《てあし》をバランスよく動《うご》かすことを覚《おぼ》えましょう。

　クロールは基本姿勢《きほんしせい》が一番大切《いちばんたいせつ》な泳《およ》ぎでもあります。正《ただ》しい姿勢《しせい》を身《み》につけて、呼吸動作《こきゅうどうさ》もよく覚《おぼ》えることが、次《つぎ》の段階《だんかい》である背泳《せおよ》ぎや平泳《ひらおよ》ぎにもつながってきます。

　水泳《すいえい》の基本《きほん》を覚《おぼ》えたあとは、クロールで泳《およ》ぎの基本《きほん》を覚《おぼ》えていきましょう。

問題《もんだい》 07
初級《しょきゅう》

クロールのキックで正《ただ》しいのはどれ?

下《した》のイラストから
クロールのキックを選《えら》びましょう。

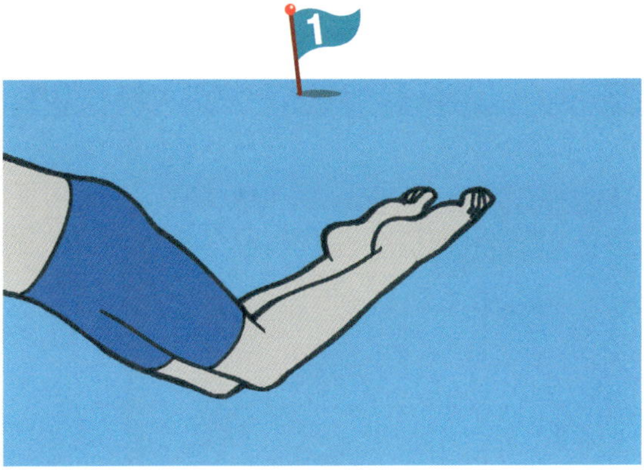

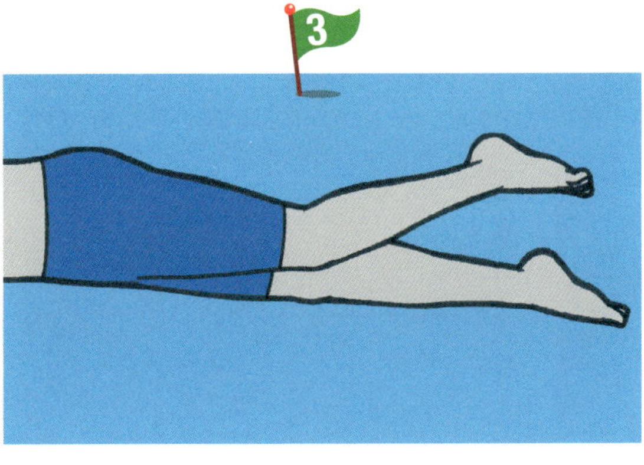

☞ 答《こた》えがわかったらページをめくってね

07の答《こた》え

▼ 3

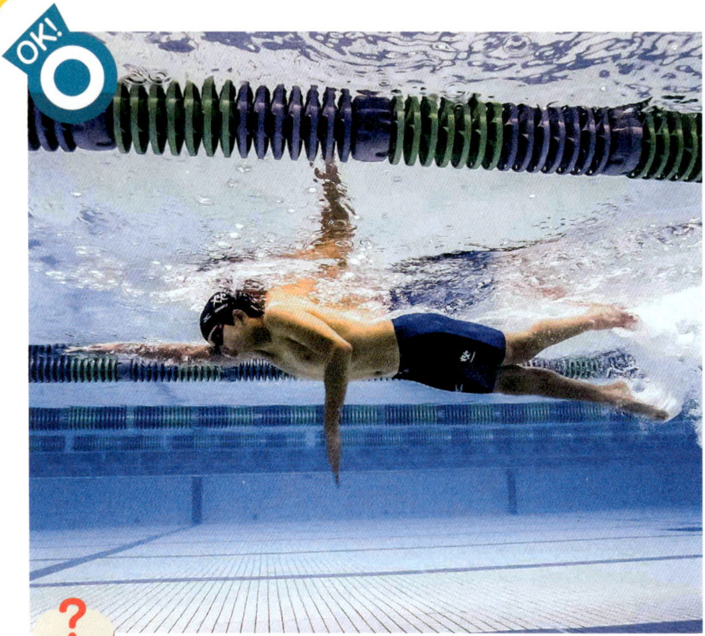

なんで

1はバタフライ 2は平泳《ひらおよ》ぎのキック

クロールは足《あし》を交互《こうご》に動《うご》かすバタ足《あし》で行《おこな》います。バタフライのキックは両足《りょうあし》を一緒《いっしょ》に動《うご》かします。平泳《ひらおよ》ぎはバタ足《あし》ではなく足《あし》の裏《うら》で水面《すいめん》を蹴《け》るようなキックです。

1 バタフライ

2 平泳《ひらおよ》ぎ

問題《もんだい》 08

初級《しょきゅう》

キック（バタ足《あし》）の練習《れんしゅう》のために腰《こし》かけキックを行《おこな》います。正《ただ》しいやり方《かた》はどれでしょう？

1 手《て》は後《うし》ろで支《ささ》え、足《あし》のつけ根《ね》から動《うご》かす

2 手《て》は後《うし》ろで支《ささ》え、ヒザをしっかり曲《ま》げて動《うご》かす

3 手《て》は体《からだ》の真横《まよこ》で支《ささ》え、足《あし》のつけ根《ね》から動《うご》かす

ヒント

hint

実際《じっさい》のクロールのキックの足《あし》の動《うご》かし方《かた》とバランスを考《かんが》えてみましょう。

答《こた》えがわかったらページをめくってね

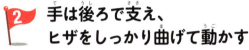

08の答《こた》え

1

手《て》は後《うし》ろで支《ささ》え、足《あし》のつけ根《ね》から動《うご》かす

POINT

キックのやり方《かた》

つま先《さき》を少《すこ》し内側《うちがわ》に向《む》け、足《あし》は左右《さゆう》の親指《おやゆび》が触《ふ》れるくらいに開《ひら》きます。足首《あしくび》から足《あし》の甲《こう》まで柔《やわ》らかくしなるようにしてキックします。ヒザがまっすぐに伸《の》びすぎて棒《ぼう》のようになったり、足首《あしくび》が立《た》ったりしないようにしましょう。自分《じぶん》の足首《あしくび》が水圧《すいあつ》を感《かん》じて、ちゃんと動《うご》いているかを確認《かくにん》してください。目線《めせん》を自分《じぶん》の足《あし》に向《む》けるのがポイントです。

これ知《し》ってる?

足《あし》のつけ根《ね》から動《うご》かすために浅《あさ》く腰《こし》かける

足《あし》のつけ根《ね》（股関節《こかんせつ》）から動《うご》かしたいのでなるべく浅《あさ》く腰《こし》かけます。深《ふか》く座《すわ》るとつけ根《ね》が動《うご》かせないからです。足《あし》のつけ根《ね》からしっかり上下《じょうげ》動《どう》させましょう。支《ささ》える手《て》がせまくなるとぐらついてしまうので、手《て》は広《ひろ》げて体《からだ》の後《うし》ろで支《ささ》えます。

キックの練習《れんしゅう》でありがちなNG！

腰《こし》かけキックを初心者《しょしんしゃ》が練習《れんしゅう》するときにありがちな間違《まちが》いを紹介《しょうかい》していきます。
実際《じっさい》に自分《じぶん》がどうなっているか、コーチやお友《とも》だちに見《み》てもらって、
間違《まちが》ったやり方《かた》をしていたら直《なお》しましょう。

NG! ヒザが曲《ま》がっている

▲自転車《じてんしゃ》をこぐようにヒザが曲《ま》がった状態《じょうたい》での腰《こし》かけキック。実際《じっさい》にクロールのバタ足《あし》のときはヒザを曲《ま》げないので、この腰《こし》かけキックはNG

NG! 下駄《げた》ばきキック

▲足首《あしくび》が立《た》った状態《じょうたい》の「下駄《げた》ばきキック」は水《みず》を蹴《け》る感覚《かんかく》を得《え》られないのでNG

キックの練習《れんしゅう》でありがちなNG！

深《ふか》く腰《こし》かけすぎ

▲腰《こし》を深《ふか》くかけて座《すわ》ると足《あし》のつけ根《ね》から動《うご》かすことができず、
ヒザから下《した》だけのキックになってしまう

バチャバチャキック

▲水面《すいめん》でバチャバチャ音《おと》がするようなキックは水《みず》をたたいてしまっているのでNG。
水《みず》を上《あ》げるようなキックが理想《りそう》

手《て》の幅《はば》がせまい

▲足《あし》をしっかり動《うご》かすために上体《じょうたい》を安定《あんてい》させることが大事《だいじ》。手《て》の幅《はば》がせまくなると、
足《あし》を動《うご》かしたときにバランスが不安定《ふあんてい》になるのでNG

1 足《あし》のつけ根《ね》からつま先《さき》まで
まっすぐ伸《の》ばして、足首《あしくび》は立《た》てる

2 自転車《じてんしゃ》をこぐように
ヒザを曲《ま》げる

3 足《あし》のつけ根《ね》からヒザまでは
まっすぐ伸《の》びて、ヒザから下《した》が
しなるように動《うご》かす

問題《もんだい》
09
中級《ちゅうきゅう》

バタ足《あし》をするときの足《あし》の動《うご》きとして正《ただ》しいものを選《えら》びましょう。

腰《こし》かけキックのときの
注意点《ちゅういてん》を思《おも》い出《だ》してみよう

答《こた》えがわかったらページをめくってね

09の答《こた》え▼3

足《あし》のつけ根《ね》からヒザまではまっすぐ伸《の》びて、ヒザから下《した》がしなるように動《うご》かす

下駄《げた》ばきキック

▶1の足首《あしくび》が立《た》った状態《じょうたい》でのキックはつま先《さき》で水面《すいめん》をとらえることになるのでNG

自転車《じてんしゃ》こぎキック

▶2の自転車《じてんしゃ》をこぐようにヒザを曲《ま》げたキックは水《みず》の抵抗《ていこう》を受《う》けやすいのでNG

バシャバシャキック

▶水面《すいめん》をバシャバシャとたたくようなキックもNG

これ知《し》ってる？　ヒザから下《した》はしなやかに

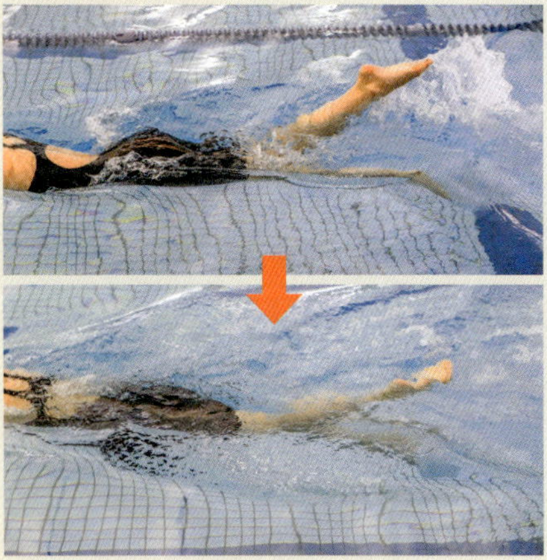

バタ足《あし》は腰《こし》かけキックを裏返《うらがえ》して行《おこな》うことになります。一《いっ》般的《ぱんてき》には「足《あし》をしっかり伸《の》ばしなさい」と指導《しどう》されることが多《おお》いと思《おも》いますが、まっすぐ伸《の》ばすのは足《あし》のつけ根《ね》からヒザまでです。ヒザから下《した》はしなやかに、しなるように動《うご》かしましょう。

問題《もんだい》 初級《しょきゅう》 10

バタ足練習《あしれんしゅう》のときの上半身《じょうはんしん》の姿勢《しせい》で正《ただ》しいのはどちらでしょう？

1 手《て》を伸《の》ばして頭《あたま》を入《い》れる

2 手《て》を曲《ま》げて水中《すいちゅう》に頭《あたま》を入《い》れる

3 手《て》を伸《の》ばして水面《すいめん》より上《うえ》に頭《あたま》を上《あ》げる

どの姿勢《しせい》がいちばん
水《みず》の抵抗《ていこう》が少《すく》なそうかな？

答《こた》えがわかったらページをめくってね

10の答《こた》え

1

手《て》を伸《の》ばして頭《あたま》を入《い》れる

POINT

手《て》伸《の》ばしキック

この練習《れんしゅう》は一般的《いっぱんてき》に「手《て》伸《の》ばしキック」と呼《よ》びます。肩《かた》の力《ちから》を抜《ぬ》いてリラックスした状態《じょうたい》でまっすぐに手《て》を伸《の》ばして、体《からだ》を水面《すいめん》に浮《う》かせます。足《あし》のつけ根《ね》からヒザまでまっすぐ伸《の》ばすようにして動《うご》かしましょう。頭《あたま》を水中《すいちゅう》に入《い》れた状態《じょうたい》でキックします。

NG!

手《て》が曲《ま》がっている

▲腕《うで》が曲《ま》がっているとそれだけ抵抗《ていこう》を受《う》けやすくなる

NG!

頭《あたま》が水上《すいじょう》に出《で》ている

▲頭《あたま》は腕《うで》の間《あいだ》に入《い》れるようにする。水上《すいじょう》に出《で》てしまったら当然《とうぜん》、水《みず》の抵抗《ていこう》を受《う》けてしまう

問題《もんだい》
11
中級《ちゅうきゅう》

クロールの手《て》の回《まわ》し方《かた》として正《ただ》しいのは？

1 少《すこ》しヒジを曲《ま》げて大《おお》きく回《まわ》す

2 水《みず》をなでるように回《まわ》す

3 外《そと》から手《て》が出《で》てくるように回《まわ》す

答《こた》えがわかったらページをめくってね

11の答《こた》え

▼ 1

少《すこ》しヒジを曲《ま》げて大《おお》きく回《まわ》す

▶リカバリー

水面《すいめん》に手《て》が出《で》て入水位置《にゅうすいいち》まで戻《もど》す動作《どうさ》

手《て》の入水位置《にゅうすいいち》は頭《あたま》と肩《かた》の中間《ちゅうかん》ぐらい

手《て》を回《まわ》すときは、体《からだ》の真《ま》ん中《なか》を通《とお》る中心線《ちゅうしんせん》に向《む》かって行《おこな》い、入水《にゅうすい》するようにします。中心線《ちゅうしんせん》より反対側《はんたいがわ》に出《で》るのはＮＧ。リカバリー動作《どうさ》は少《すこ》しヒジを曲《ま》げたリラックスした状態《じょうたい》で腕《うで》を大《おお》きく回《まわ》して推進力《すいしんりょく》を生《う》むのが理想《りそう》です。

手《て》の入水位置《にゅうすいいち》は頭《あたま》と肩《かた》の中間《ちゅうかん》くらいがちょうどいいでしょう。最後《さいご》までまっすぐ水《みず》をかききるように注意《ちゅうい》します。なでるような回《まわ》し方《かた》では泳《およ》ぎが小《ちい》さくなってしまいます。また、外《そと》から手《て》を回《まわ》して横《よこ》から入《い》れたり、斜《なな》めに入《い》れたりすると、まっすぐ泳《およ》げません。

トライ! プールサイドで練習《れんしゅう》しよう

プールサイドや、プールの中《なか》で、手《て》を回《まわ》す練習《れんしゅう》をしてみましょう。両足《りょうあし》を肩幅《かたはば》くらいに開《ひら》いて立《た》ち、上半身《じょうはんしん》を前方《ぜんぽう》に90度《ど》くらい倒《たお》した姿勢《しせい》で手《て》を回《まわ》します。片手《かたて》ずつ大《おお》きく回《まわ》し、（水中《すいちゅう》では水《みず》を押《お》さえながら）最後《さいご》まで持《も》っていくようにします。

横《よこ》から

正面《しょうめん》から

NG!

ヒジが曲《ま》がりすぎる

◀腕《うで》を回《まわ》すときにヒジが曲《ま》がりすぎると軌道《きどう》が小《ちい》さくなってしまう

これ知《し》ってる？

グライドクロールとコンティニュアスクロール

クロールには片手《かたて》ずつ回《まわ》して前方《ぜんぽう》で手《て》を合《あ》わせるグライドクロールと、前方《ぜんぽう》で手《て》を合《あ》わせず両手《りょうて》を同時《どうじ》に動《うご》かすコンティニュアスクロールがあります。最初《さいしょ》は片手《かたて》ずつ回《まわ》すグライドクロールで腕《うで》の回《まわ》し方《かた》を覚《おぼ》えましょう。

コンティニュアスクロール

グライドクロール

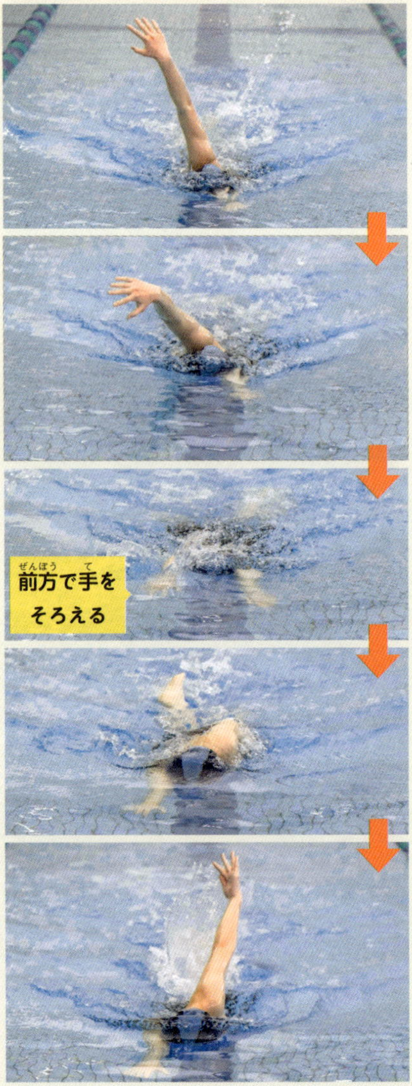

問題《もんだい》 12 上級《じょうきゅう》

クロールの呼吸《こきゅう》を練習《れんしゅう》するときに、よりよいのは？

1. 左右交互《さゆうこうご》に呼吸《こきゅう》する
2. 3ストローク目《め》に呼吸《こきゅう》する
3. 4ストローク目《め》に呼吸《こきゅう》する

12の答《こた》え ▼ 2

3ストローク目《め》に呼吸《こきゅう》する

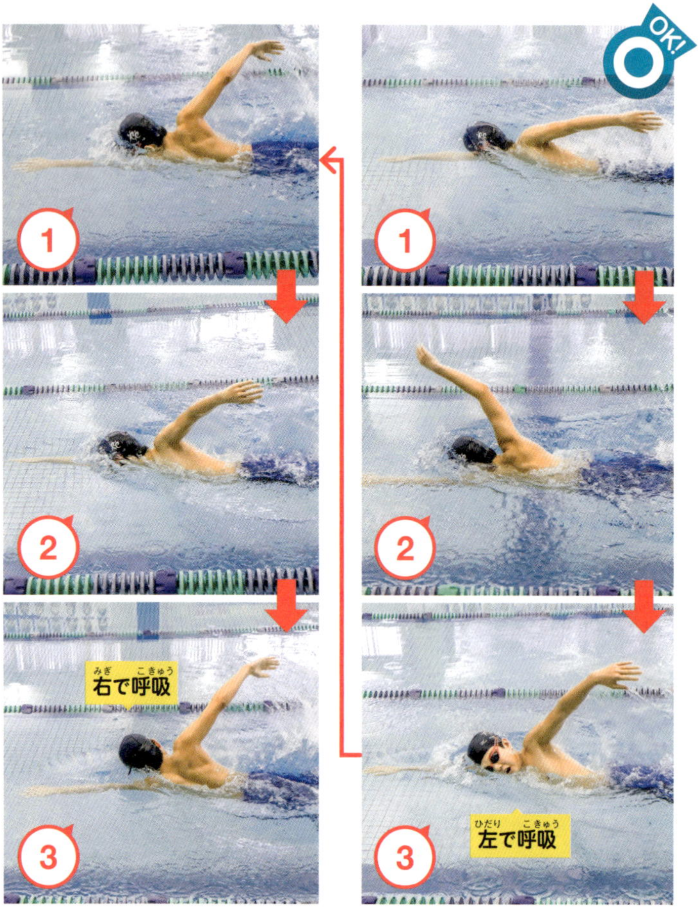

▲手《て》（腕《うで》）を1回《かい》回《まわ》すごとに1ストロークと数《かぞ》える。写真《しゃしん》では左《ひだり》→右《みぎ》→左《ひだり》の3ストローク目《め》で呼吸《こきゅう》。次《つぎ》は右《みぎ》→ 左《ひだり》→右《みぎ》の3ストローク目《め》での呼吸《こきゅう》となり、左右両方《さゆうりょうほう》で呼吸《こきゅう》ができる

？ なんで

バランスのよい泳《およ》ぎができる

クロールの呼吸《こきゅう》は左右《さゆう》どちらでもできるように練習《れんしゅう》していくことが大切《たいせつ》です。どちらでもできたほうが、バランスのよい泳《およ》ぎになるからです。そのためにはストロークを奇数回《きすうかい》行《おこな》ったときに呼吸《こきゅう》をすると、左右両《さゆうりょう》方《ほう》で呼吸《こきゅう》ができるようになります。

ただし、個人差《こじんさ》があり、どちらか一方《いっぽう》でしか呼吸《こきゅう》をしない人《ひと》もいますが、3ストローク目《め》に呼吸《こきゅう》をすることをオススメします。

△ 同《おな》じサイドだけで呼吸《こきゅう》する

▲利《き》き手《て》、利《き》き足《あし》があるように呼吸《こきゅう》をしやすい向《む》きは人《ひと》によってあるかもしれない。しかし、同《おな》じサイドだけで呼吸《こきゅう》をするのはオススメできない。左右《さゆう》同《おな》じようなバランスで泳《およ》いだほうが抵抗《ていこう》も少《すく》ないので呼吸《こきゅう》は両方《りょうほう》でできるようにしよう

トライ! ビート板《ばん》を使《つか》って練習《れんしゅう》しよう

ビート板《ばん》を使《つか》って呼吸《こきゅう》の練習《れんしゅう》をしましょう。プールの中《なか》で立《た》った状態《じょうたい》で手《て》を伸《の》ばし、水《みず》に顔《かお》をつけながら体《からだ》を浮《う》かせて、鼻《はな》からブクブクと吐《は》いたら、顔《かお》だけ上《あ》げて口《くち》で吸《す》います。このとき肩《かた》はなるべく動《うご》かさないようにします。左右《さゆう》の肩《かた》をむすんだラインが、できるだけ水面《すいめん》と平行《へいこう》の状態《じょうたい》になるように意識《いしき》してみましょう。

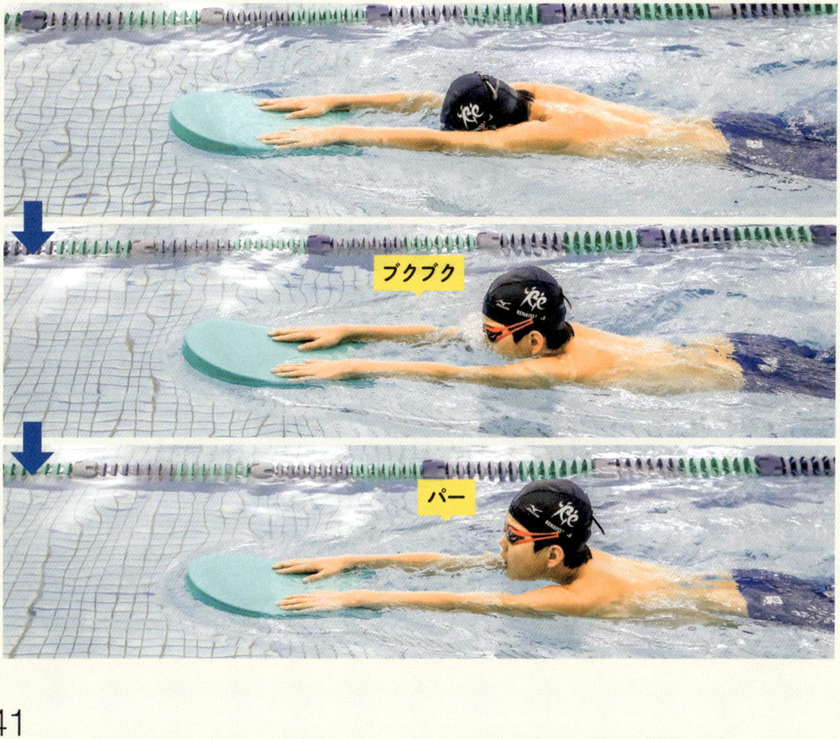

トライ! クロールの練習法《れんしゅうほう》「片手《かたて》伸《の》ばしサイドブレス」

片手《かたて》を伸《の》ばした状態《じょうたい》で姿勢《しせい》をくずさずに顔《かお》を傾《かたむ》け、素早《すばや》く呼吸《こきゅう》をできるようにするドリルです。呼吸《こきゅう》がうまくできない人《ひと》は、斜《なな》め前方《ぜんぽう》を見《み》たり、頭《あたま》が上《あ》がってしまったり、あるいは呼吸《こきゅう》するときにお尻《しり》が下《さ》がったり、体《からだ》がねじれたりしている場合《ばあい》が多《おお》いです。このドリルで、まっすぐの状態《じょうたい》で素《す》早《ばや》い呼吸《こきゅう》ができるように練習《れんしゅう》しましょう。

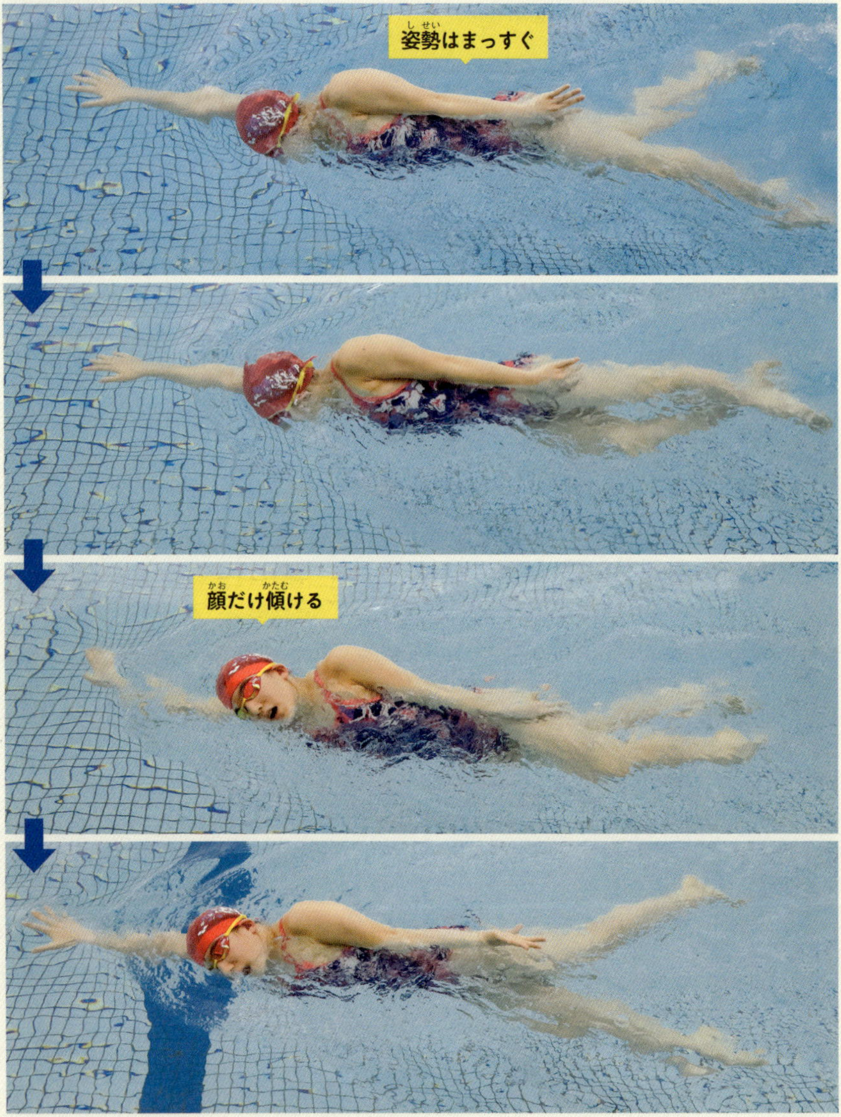

問題《もんだい》

13

中級《ちゅうきゅう》

クロールの呼吸《こきゅう》を練習《れんしゅう》するときに、目線《めせん》はどこに向《む》けるのがよい？

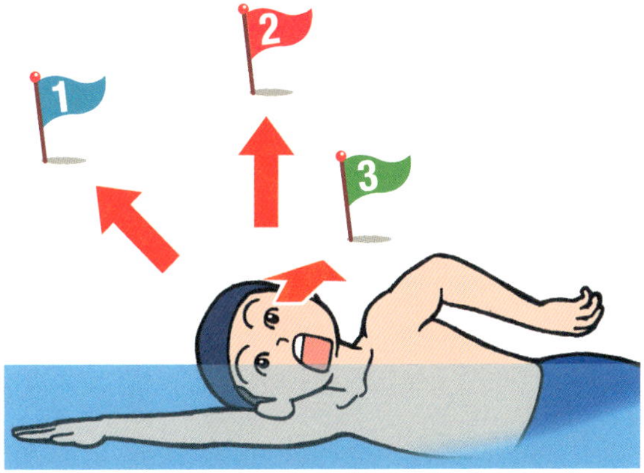

斜《なな》め前《まえ》　真上《まうえ》　真横《まよこ》

13の答《こた》え

▼

3

真横《まよこ》

なんで

斜《なな》め前《まえ》や真上《まうえ》を見《み》ると姿勢《しせい》が悪《わる》くなる

呼吸《こきゅう》するときの目線《めせん》は真横《まよこ》に向《む》けて姿勢《しせい》を保《たも》ちます。斜《なな》め前《まえ》や真上《まうえ》を見《み》ようとすると腕《うで》と耳《みみ》が離《はな》れたり、大《おお》きな回転動作《かいてんどうさ》になり姿勢《しせい》が悪《わる》くなります。

POINT

できないときは目線《めせん》を少《すこ》し後《うし》ろぎみに

前《まえ》に伸《の》ばしている腕《うで》から耳《みみ》を離《はな》さないようにして体《からだ》を傾《かたむ》けながら呼吸《こきゅう》するとやりやすくなります。うまくできない人《ひと》は、目線《めせん》を少《すこ》し後《うし》ろぎみにしてみるとよいでしょう。

問題《もんだい》14

中級《ちゅうきゅう》

ビート板《ばん》を持《も》ってバタ足《あし》キックで進《すす》みます。ビート板《ばん》の持《も》ち方《かた》で正《ただ》しいのは？

1 手前《てまえ》の横《よこ》を持《も》つ

2 前方《ぜんぽう》に手《て》を乗《の》せる

3 立《た》てるようにして持《も》つ

答《こた》えがわかったらページをめくってね

14の答《こた》え

▼

2

前方《ぜんぽう》に手《て》を乗《の》せる

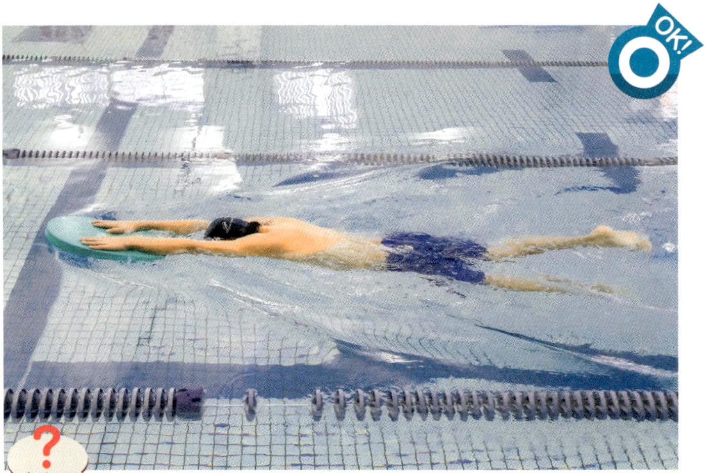

なんで

前《まえ》のほうに手《て》を乗《の》せると安定《あんてい》する

ビート板《ばん》は前《まえ》のほうに手《て》を乗《の》せる（持《も》つ）と安定《あんてい》しやすくなります。慣《な》れていないうちはとくに前《まえ》のほうに手《て》を乗《の》せる（持《も》つ）ようにしましょう。ビート板《ばん》は基本的《きほんてき》にキック練習《れんしゅう》のための用具《ようぐ》です。まずは両手《りょうて》を乗《の》せ、頭《あたま》を水中《すいちゅう》に入《い》れ、キックで進《すす》んでみます。肩《かた》の力《ちから》を抜《ぬ》いて手《て》の先《さき》から足《あし》の先《さき》までまっすぐになるように意識《いしき》してみましょう。

▶ビート板《ばん》を立《た》てるように持《も》つと水《みず》の抵抗《ていこう》を受《う》けやすくなる。また、横《よこ》を持《も》つと肩《かた》に力《ちから》が入《はい》ってしまう。バランスが悪《わる》くなるとフォームも悪《わる》くなるので注意《ちゅうい》！

トライ!

片手《かたて》をビート板《ばん》に乗《の》せて片手《かたて》を回《まわ》す

　片手《かたて》をビート板《ばん》の上《うえ》に乗《の》せて、もう片方《かたほう》の手《て》を回《まわ》してみましょう。手《て》を回《まわ》せるようになったら呼吸《こきゅう》をつけてみましょう。その際《さい》、足《あし》はバタ足《あし》です。

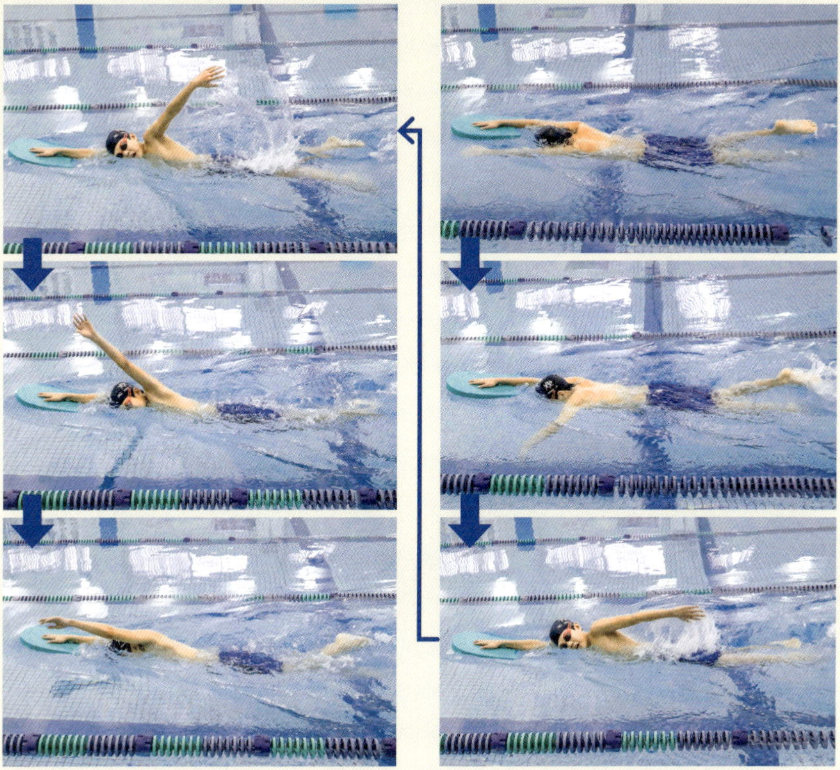

トライ!

ビート板《ばん》なしで

　ビート板《ばん》を使《つか》ってのクロールができるようになったら今度《こんど》は同《おな》じことをビート板《ばん》なしでやってみましょう。

Let's Try

クロールを泳《およ》いでみよう！

ここまでクロールの基本《きほん》を学《まな》んできました。さっそく泳《およ》いでみましょう。壁《かべ》を蹴《け》って両手《りょうて》を伸《の》ばしてスタートします。片方《かたほう》の手《て》で、頭《あたま》と肩《かた》の中間《ちゅうかん》くらいから、後《うし》ろへ水《みず》をかきます。最後《さいご》までまっすぐ水《みず》をかききりましょう。足《あし》はバタ足《あし》です。足《あし》のつけ根《ね》からヒザまでまっすぐ伸《の》ばし、ヒザから下《した》はしなるように動《うご》かしましょう。手《て》を回《まわ》すときは、体《からだ》の真《ま》ん中《なか》を通《とお》る中心線《ちゅうしんせん》に向《む》かうようにして動《うご》かします。

呼吸《こきゅう》するときの目線《めせん》は真横《まよこ》です。うまくできない人《ひと》は、少《すこ》し後《うし》ろぎみにしてみるといいでしょう。前《まえ》に伸《の》ばしている手《て》から耳《みみ》を離《はな》さないようにして、手《て》を回《まわ》す動《うご》きに合《あ》わせて顔《かお》を傾《かたむ》けると呼吸《こきゅう》しやすくなります。

第3章
だい　　しょう

背泳ぎ
せおよ

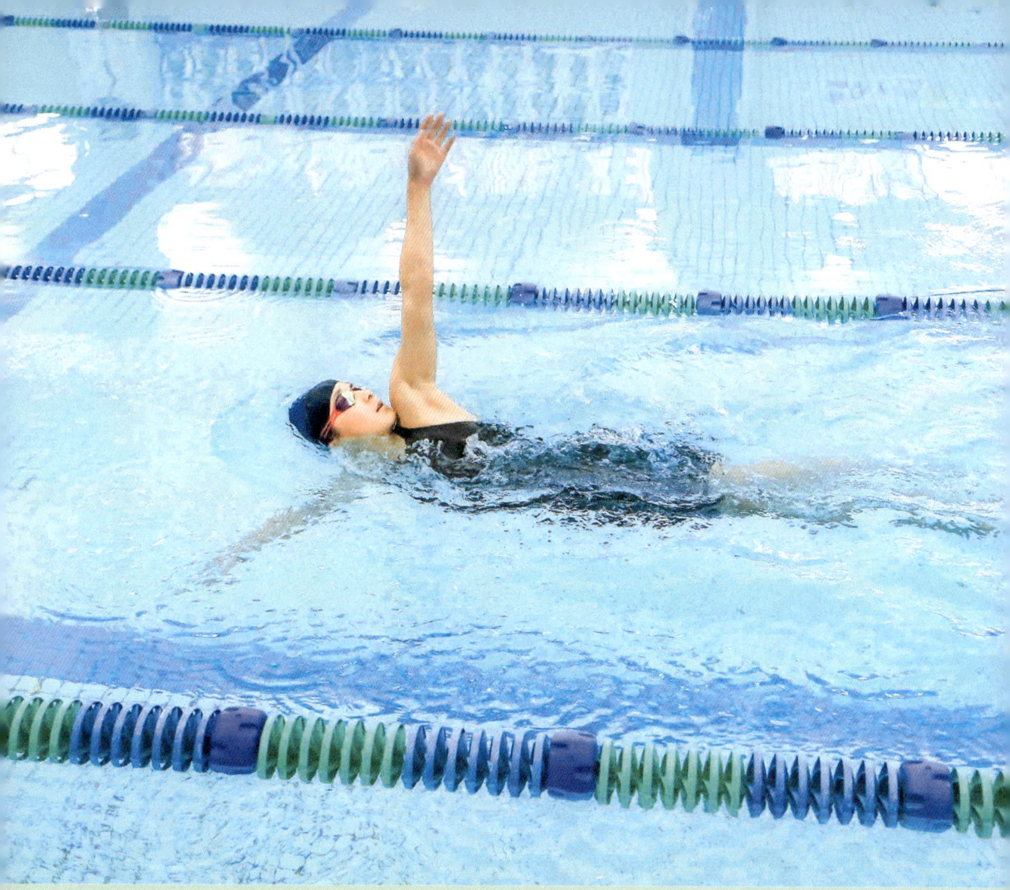

あお向《む》けを怖《こわ》がらず 体《からだ》を浮《う》かせることが大事《だいじ》

リラックスした状態《じょうたい》で水平姿勢《すいへいしせい》をキープしよう

ほかの泳《およ》ぎは下《した》を向《む》いた状態《じょうたい》で行《おこな》いますが、背泳《せおよ》ぎは上《うえ》を向《む》いているため、前《まえ》を見《み》ることができません。そのため、初心者《しょしんしゃ》の場合《ばあい》、最初《さいしょ》は少《すこ》し怖《こわ》く感《かん》じるかもしれません。

まず大事《だいじ》なのは体《からだ》を浮《う》かせることです。背泳《せおよ》ぎは姿勢《しせい》を保《たも》つのがむずかしいですが、リラックスした状態《じょうたい》で水平姿勢《すいへいしせい》をキープすることができれば浮《う》くことができます。

上《うえ》を向《む》いているので浮《う》くことさえできれば、呼吸《こきゅう》は制限《せいげん》なくすることができます。そういう意味《いみ》ではクロールよりも呼吸《こきゅう》の苦《くる》しさは少《すく》なく、安心感《あんしんかん》も出《で》てくると思《おも》います。

あお向《む》けで水《みず》に入《はい》ることを怖《こわ》がらず、まずは体《からだ》を浮《う》かせることから覚《おぼ》えていきましょう。

問題《もんだい》 15
初級《しょきゅう》

「背浮《せう》き」はなんの生《い》き物《もの》の泳《およ》ぎ方《かた》と似《に》ている？

背泳《せおよ》ぎの最初《さいしょ》の一歩《いっぽ》となる「背浮《せう》き」は
ある生《い》き物《もの》の泳《およ》ぎ方《かた》と似《に》ています。
その動物《どうぶつ》は次《つぎ》のどれでしょう？

1 ラッコ

2 カエル

3 犬《いぬ》

答《こた》えがわかったらページをめくってね

15の答《こた》え ▼

1 ラッコ

これ知《し》ってる？ 背泳《せおよ》ぎを覚《おぼ》えるには背浮《せう》きから

ラッコのようにあお向《む》けになって水《みず》に浮《う》く姿勢《しせい》を背浮《せう》きと言《い》います。背泳《せおよ》ぎをするためにはまずはこの姿勢《しせい》ができるようになることが大切《たいせつ》です。軽《かる》くアゴを引《ひ》いて背中《せなか》をまっすぐにして浮《う》いてみましょう。

NG!

アゴを上《あ》げすぎる

◀アゴを上《あ》げすぎると足《あし》が下《さ》がって沈《しず》んでしまう。アゴが水面《すいめん》から出《で》ると鼻《はな》に水《みず》が入《はい》るので注意《ちゅうい》

NG!

猫背《ねこぜ》になる

◀猫背《ねこぜ》になるとお尻《しり》が下《さ》がってうまく浮《う》くことができない

POINT

背浮《せう》きのやり方《かた》を覚《おぼ》えよう

両手《りょうて》でプールサイドを持《も》ち（つかみ）、両足《りょうあし》を壁《かべ》につけ、あお向《む》けになって耳《みみ》まで水《みず》につかり、頭《あたま》を水平《すいへい》にします。そこから手《て》を離《はな》しながら、壁《かべ》を蹴《け》ります。アゴを引《ひ》いて背中《せなか》が丸《まる》まらないようにして浮《う》かびましょう。

トライ! 背《せ》浮《う》きから潜《もぐ》ってみよう！

背《せ》浮《う》きができたら、そのままプールの中《なか》で立《た》ってみましょう。立《た》つときは、おへそを見《み》ながら体《からだ》を丸《まる》めて手《て》を後《うし》ろに伸《の》ばして一度《いちど》水《みず》の中《なか》にグッと沈《しず》んでいきます。そこから足《あし》を伸《の》ばして立《た》ち上《あ》がります。必《かなら》ず足《あし》を着《つ》いてから立《た》ち上《あ》がりましょう。

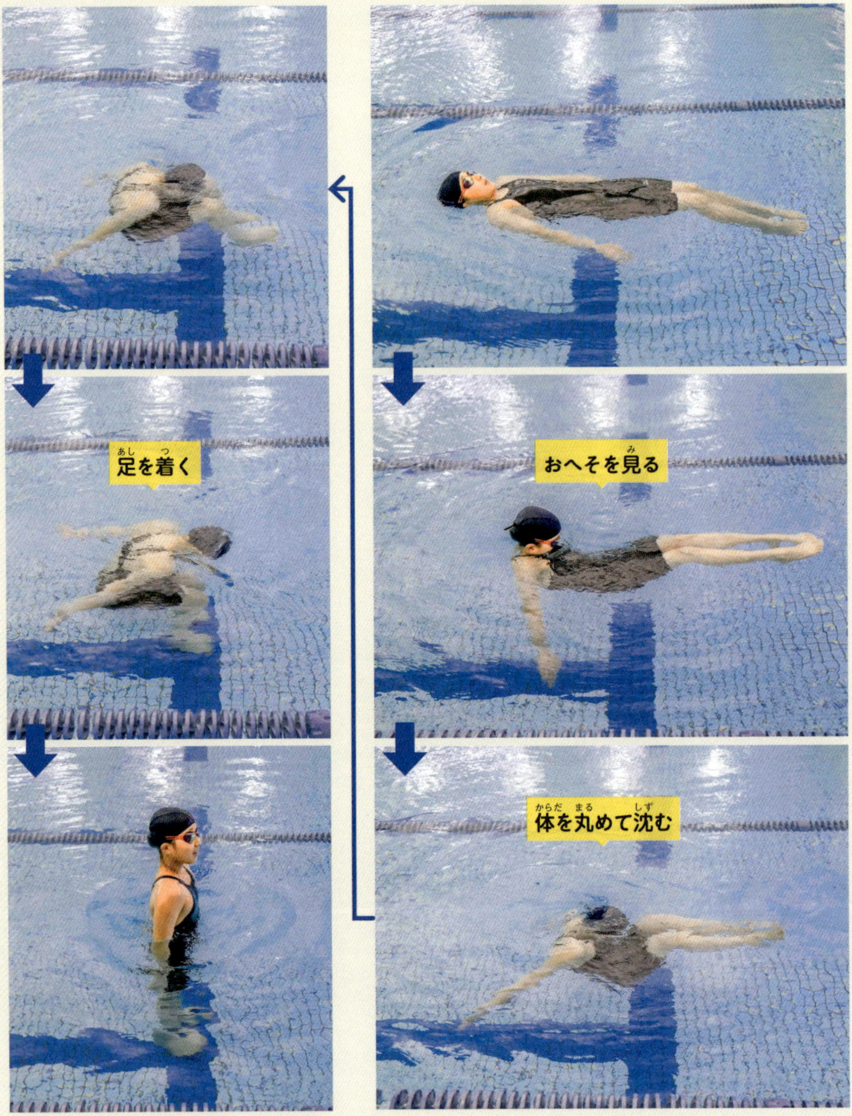

クロールのバタ足《あし》とは違《ちが》うのかな？

問題《もんだい》
16
中級《ちゅうきゅう》

背泳《せおよ》ぎはあお向《む》けの姿勢《しせい》でバタ足《あし》（キック）をして進《すす》みます。大切《たいせつ》なポイントは？

1 足《あし》を後方《こうほう》に押《お》し出《だ》しながら蹴《け》り上《あ》げる

2 ヒザを曲《ま》げる

3 水面《すいめん》に向《む》かって真上《まうえ》に蹴《け》り上《あ》げる

答《こた》えがわかったらページをめくってね

16の答《こた》え

1

足《あし》を後方《こうほう》に押《お》し出《だ》しながら蹴《け》り上《あ》げる

なんで

頭《あたま》の方向《ほうこう》に進《すす》むため

背泳《せおよ》ぎは頭《あたま》の方向《ほうこう》に進《すす》まなければいけません。そのためにはキックの水流《すいりゅう》は足《あし》の方向《ほうこう》に向《む》かわなければなりません。頭方向《あたまほうこう》に進《すす》む推進力《すいしんりょく》を得《え》るためにキックは真上《まうえ》に蹴《け》り上《あ》げるのではなく、後方《こうほう》に押《お》し出《だ》しながら蹴《け》り上《あ》げるようにします。

NG! ヒザが曲《ま》がったキック

▲ヒザを曲《ま》げた状態《じょうたい》でキックをすると水《みず》の抵抗《ていこう》を受《う》けやすくなってしまう

NG! 下駄《げた》ばきキック

▲足首《あしくび》が立《た》っている状態《じょうたい》での下駄《げた》ばきキックは水《みず》を蹴《け》り上《あ》げることができないのでNG

トライ! プールサイドで寝《ね》てキック練習《れんしゅう》

水《みず》の中《なか》でキックを練習《れんしゅう》するのがむずかしい人《ひと》は、プールサイドに寝《ね》て足《あし》だけ水中《すいちゅう》に入《い》れてキックの練習《れんしゅう》をしてみましょう。体《からだ》が沈《しず》む心配《しんぱい》はないのでキックだけを意識《いしき》して練習《れんしゅう》することができます。足《あし》のつけ根《ね》から太《ふと》ももを大《おお》きく動《うご》かしていますか？　ヒザや足首《あしくび》がしなやかに動《うご》いているか確認《かくにん》しながらやってみましょう。

トライ! 背泳《せおよ》ぎの練習法《れんしゅうほう》「ショルダーアップキック」

気《き》をつけの状態《じょうたい》で体《からだ》の線《せん》をブラさずにキックをします。背泳《せおよ》ぎはクロールと同様《どうよう》ローリング動作《どうさ》が入《はい》ってくるので、まず腕《うで》は回《まわ》さずに肩《かた》をしっかりとアップする動作《どうさ》を覚《おぼ》えましょう。この練習《れんしゅう》をすることで腕《うで》がスムーズに上《あ》がりやすいローリング動作《どうさ》の感覚《かんかく》を身《み》につけることができます。

ローリング動作《どうさ》

クロールや背泳《せおよ》ぎでキックやストロークに合《あ》わせて体《からだ》が左右《さゆう》に傾《かたむ》くこと

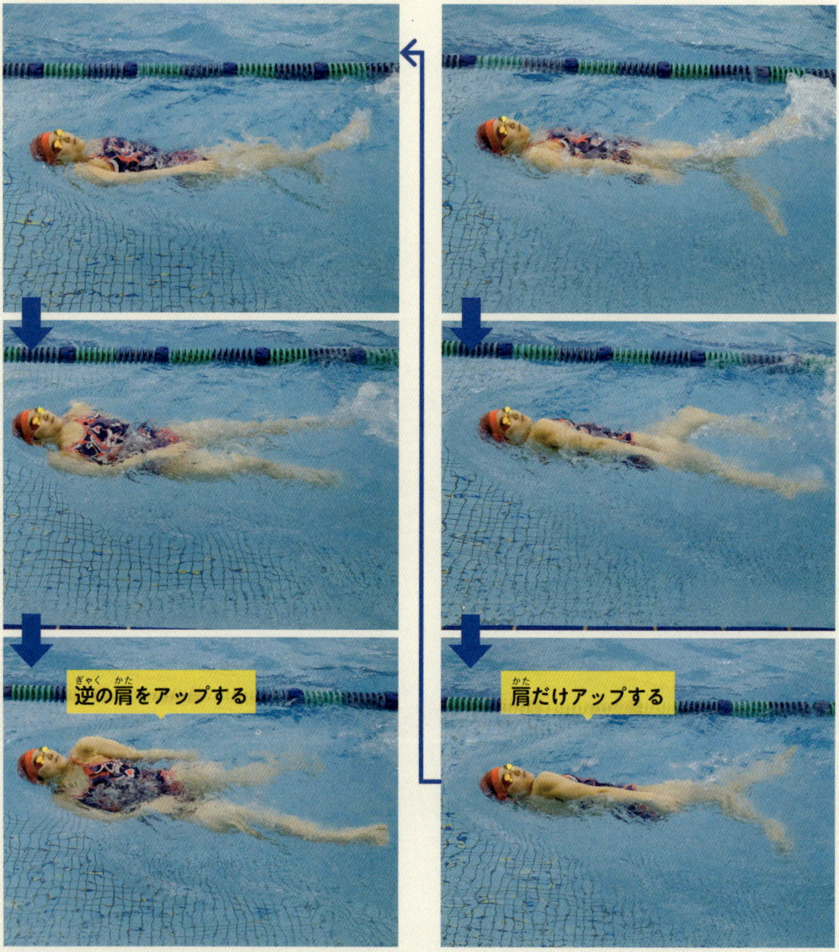

問題《もんだい》
17
中級《ちゅうきゅう》

背泳《せおよ》ぎで水《みず》をかく方向《ほうこう》として正《ただ》しいものはどれ？

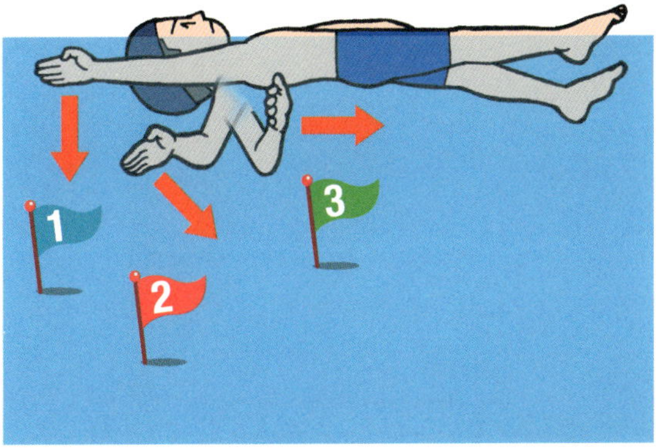

真下《ました》

斜《なな》め下《した》

後《うし》ろ

＼ヒント／
hint

どうやって水《みず》をかいたら前《まえ》に進《すす》むか考《かんが》えてみましょう。

答《こた》えがわかったらページをめくってね

17の答《こた》え

3

後《うし》ろ

なんで

水《みず》を足《あし》のほうへ押《お》し出《だ》すようにかく

前《まえ》に進《すす》むためには水《みず》を後《うし》ろにかく必要《ひつよう》があります。肩《かた》の延長線上《えんちょうせんじょう》のできるだけ遠《とお》くのところで小指《こゆび》から入水《にゅうすい》し（エントリー）、手《て》のひらは横《よこ》にして、水《みず》を足《あし》のほうへ押《お》し出《だ》すようにしてかきます（プッシュ）。

PO!NT

自分《じぶん》に合《あ》った方法《ほうほう》を見《み》つけよう！

小指《こゆび》から入水《にゅうすい》すると水《みず》の抵抗《ていこう》が少《すく》なく、水《みず》をつかみやすいと言《い》われています。しかし、入水《にゅうすい》の仕方《しかた》にはいろいろな方法《ほうほう》がありますから、自分《じぶん》に合《あ》う方法《ほうほう》を試《ため》してみましょう！

問題《もんだい》

18

中級《ちゅうきゅう》

背泳《せおよ》ぎの手《て》の動《うご》きのイメージで近《ちか》いのは次《つぎ》のうちどれでしょう？

背泳《せおよ》ぎのときの腕《うで》はどうなっていたかな？

1 前《まえ》へならえ

2 指相撲《ゆびずもう》

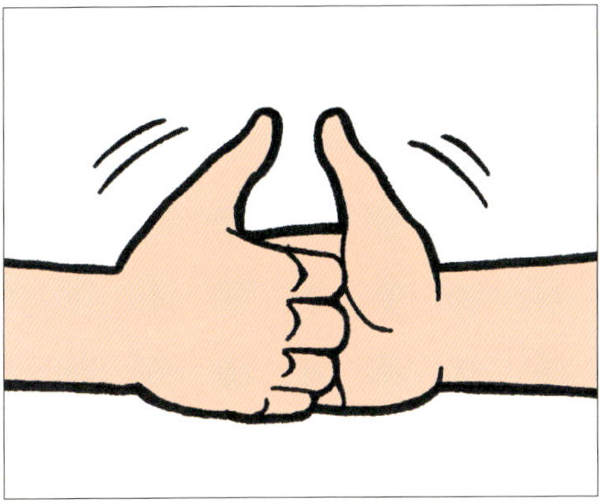

3 腕相撲《うでずもう》

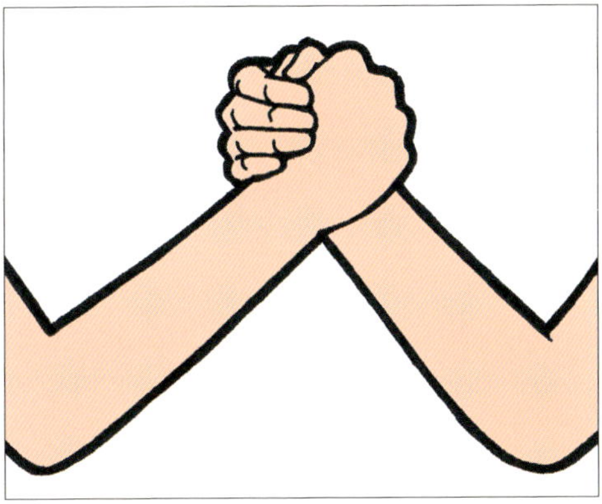

答《こた》えがわかったらページをめくってね

18の答《こた》え ▶ 1 前《まえ》へならえ

トライ! プールサイドで手《て》の回《まわ》し方《かた》を練習《れんしゅう》してみよう

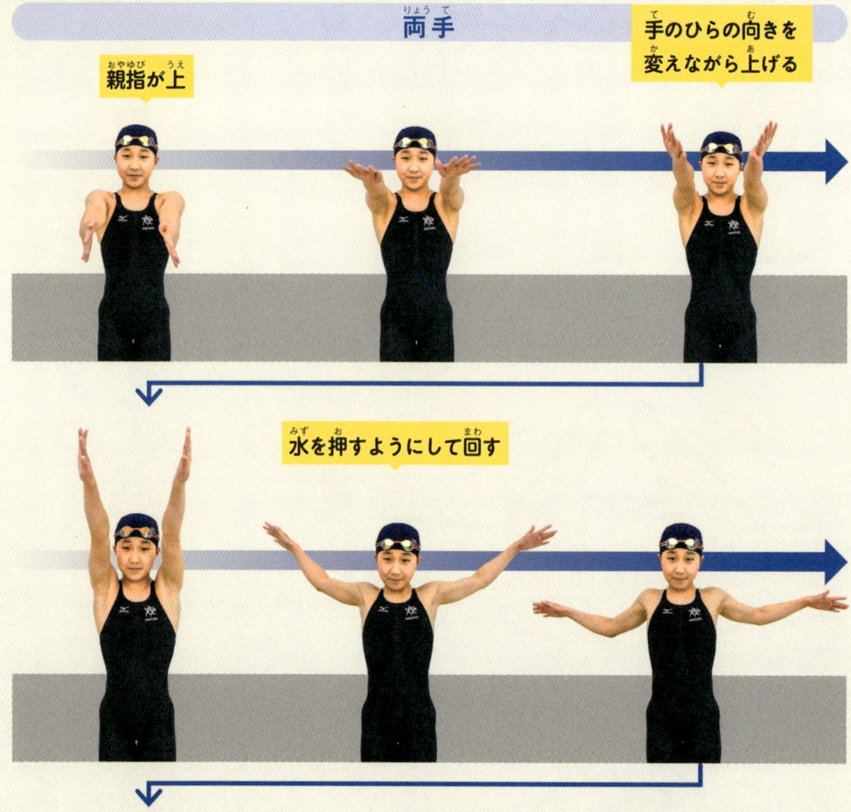

やりかた

前《まえ》へならえのように両《りょう》手《て》を前方《ぜんぼう》に出《だ》し、親指《おやゆび》を上《うえ》にした状態《じょうたい》で上《あ》げていき、腕《うで》をねじりながら手《て》のひらの向《む》きを変《か》え、水《みず》を押《お》すようにして回《まわ》します。

片手《かたて》ずつ

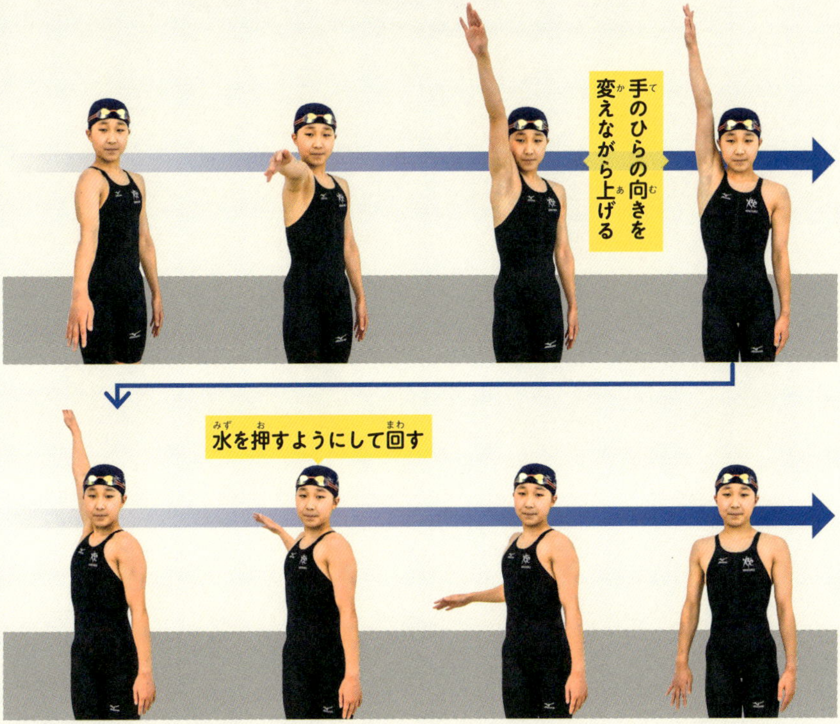

やりかた

今度《こんど》は片手《かたて》ずつ腕《うで》を回《まわ》してみましょう。
回《まわ》し方《かた》は両手《りょうて》でやったときと同《おな》じです。

これ知《し》ってる?

手《て》を上《あ》げる動作《どうさ》をリカバリーと呼《よ》ぶ

手《て》は前《まえ》へならえをするときのようにヒジを伸《の》ばして親指《おやゆび》を上《うえ》にした状態《じょうたい》から上《あ》げていき、手《て》を動《うご》かす軌道《きどう》の一番高《いちばんたか》いところへきたら、手《て》のひらを外《そと》に向《む》けていき、腕《うで》をねじりながら、少《すこ》しずつ手《て》のひらの向《む》きを変《か》え、小指《こゆび》から入水《にゅうすい》します。なお、手《て》を上《あ》げるときの動作《どうさ》をリカバリーと言《い》います。

トライ!

左右《さゆう》の手《て》を連続《れんぞく》して動《うご》かしてみよう

片手《かたて》ずつうまく回《まわ》せるようになったら左右交互《さゆうこうご》に回《まわ》します。その動《うご》きが背泳《せおよ》ぎの手《て》の動《うご》き方《かた》になります。

問題《もんだい》 19 初級《しょきゅう》

背泳《せおよ》ぎの呼吸《こきゅう》は？

次《つぎ》の文章《ぶんしょう》の□□に入《はい》る
言葉《ことば》はなんでしょう？

【問題文《もんだいぶん》】
片方《かたほう》の手《て》を上《あ》げたときに息《いき》を吸《す》い、
もう片方《かたほう》の手《て》を上《あ》げたときに息《いき》を□□。

1 吐《は》く

2 止《と》める

3 吸《す》う

19の答《こた》え

▼ 1

吐《は》く

▶口《くち》で息《いき》を吸《す》い

▶鼻《はな》で息《いき》を出《だ》す

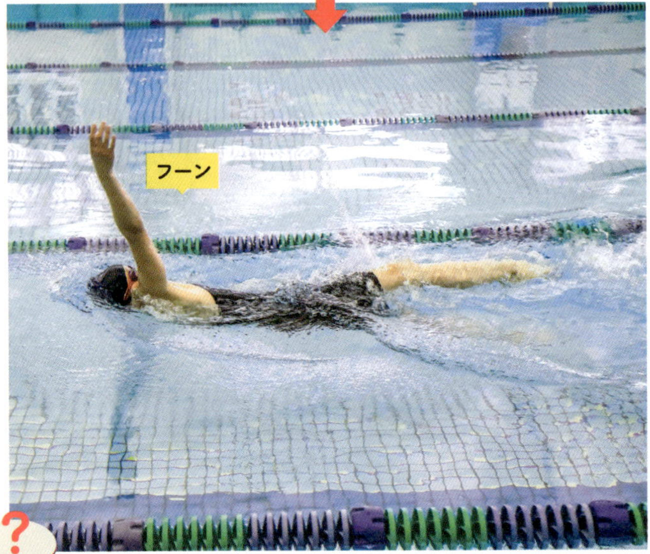

なんで

手《て》を上《あ》げたときが呼吸《こきゅう》のタイミング

背泳《せおよ》ぎの場合《ばあい》、手《て》を上《あ》げたときが呼吸《こきゅう》をするタイミングです。片方《かたほう》の手《て》を上《あ》げたときに息《いき》を吸《す》ったら、もう片方《かたほう》の手《て》を上《あ》げるときは息《いき》を止《と》めたりせずに吐《は》くようにしましょう。息《いき》を吸《す》うときは口《くち》から吸《す》って、吐《は》くときは鼻《はな》から息《いき》を出《だ》すようにします。

問題《もんだい》20 中級《ちゅうきゅう》

背泳《せおよ》ぎのときの目線《めせん》の方向《ほうこう》として正《ただ》しいのは？

1 真上《まうえ》

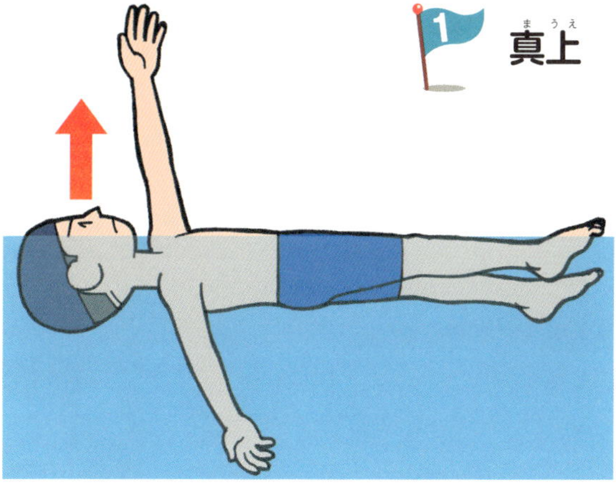

2 おなか

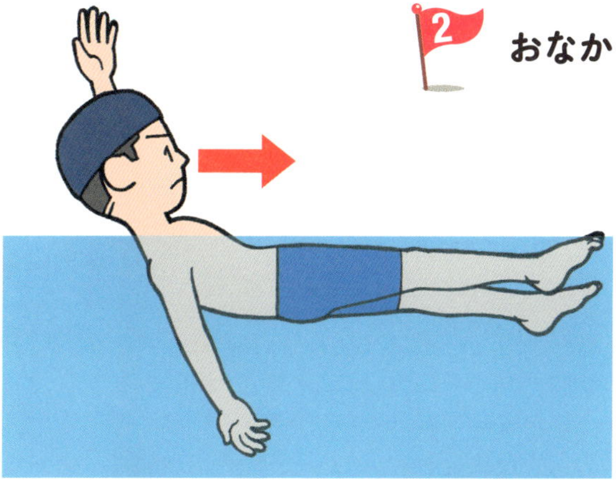

3 真横《まよこ》

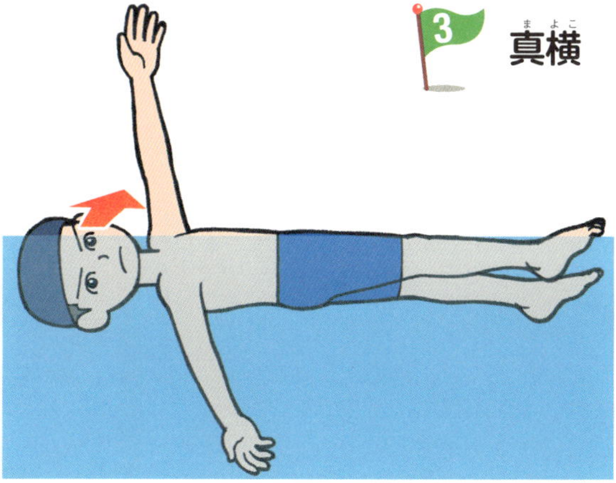

答《こた》えがわかったらページをめくってね

20の答《こた》え

▼

1

真上《まうえ》

なんで

体《からだ》のラインをまっすぐにする

体《からだ》が丸《まる》まったり、反《そ》りすぎたりすると、頭《あたま》が上《あ》がり、下半身《かはんしん》が下《さ》がってしまいます。アゴは少《すこ》し引《ひ》いて真上《まうえ》を見《み》て、頭《あたま》と背中《せなか》のラインがなるべくまっすぐになるのがバランスのいい姿勢《しせい》です。

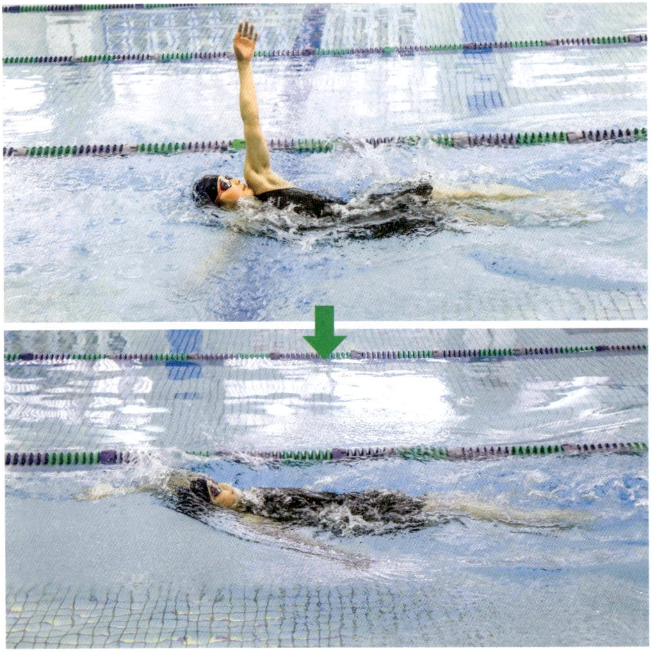

トライ！ 背《せ》泳《およ》ぎからクロールに入《い》れ替《か》えてみよう

手《て》を上《あ》げて肩《かた》まで上《あ》げきると体《からだ》が自然《しぜん》に回転《かいてん》してクロールに！　クロールも背泳《せおよ》ぎも、体《からだ》を傾《かたむ》けながら（ローリング動作《どうさ》）、力《りき》まず、リラックスした状態《じょうたい》で泳《およ》いでみましょう。軸《じく》をブラさずに水中《すいちゅう》で体《からだ》を自由《じゆう》に回転《かいてん》できると、スムーズに泳《およ》げるようになります。

トライ! 背泳《せおよ》ぎの練習法《れんしゅうほう》「プッシュキック」

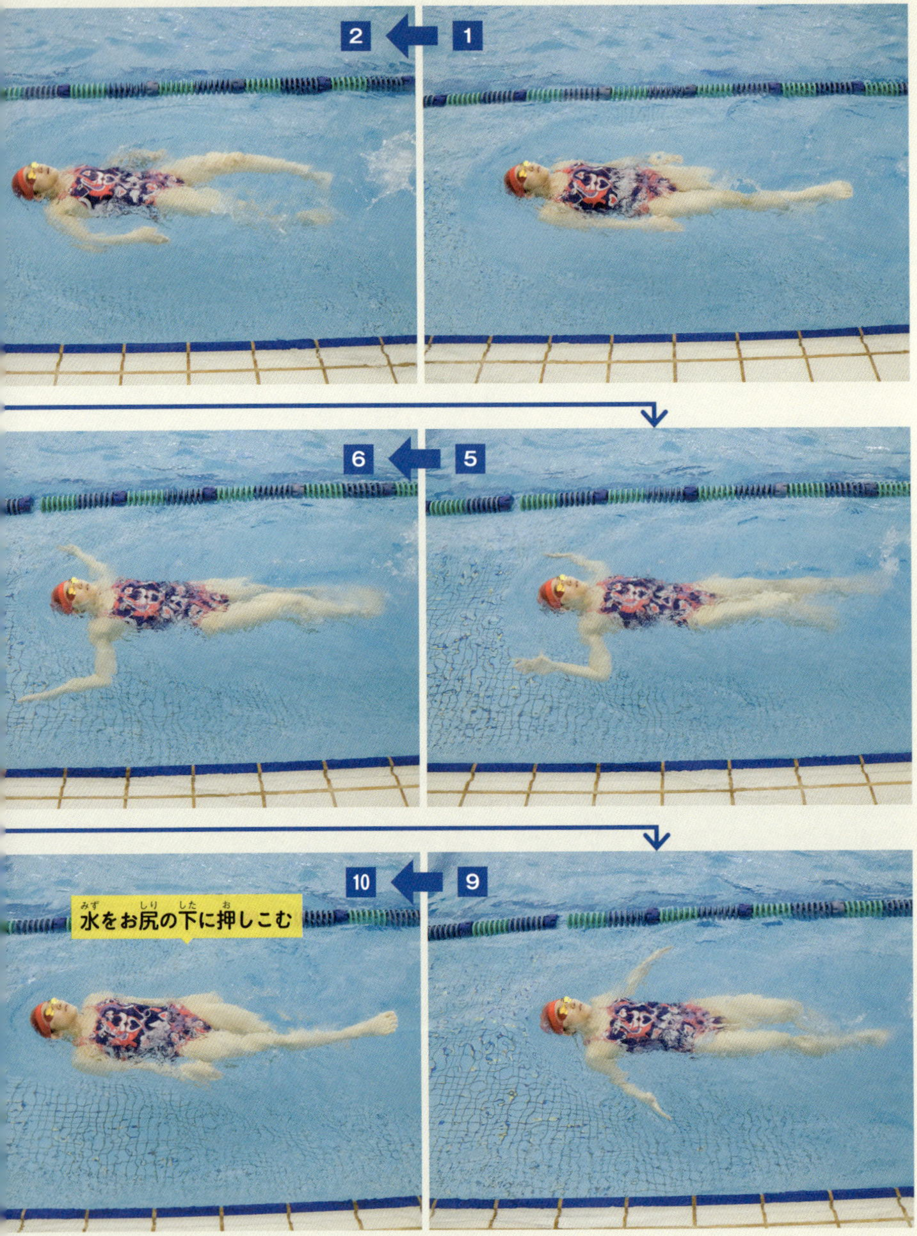

背泳《せおよ》ぎの手《て》の最後《さいご》のプッシュを覚《おぼ》える練習《れんしゅう》です。手《て》が水面《すいめん》に出《で》ないように注意《ちゅうい》しながら体《からだ》の横《よこ》で水《みず》をお尻《しり》の下《した》に押《お》しこむようにして動《うご》かしましょう。プッシュの動作《どうさ》をしながらキックをして、背泳《せおよ》ぎの最後《さいご》のプッシュの部分《ぶぶん》を身《み》につけましょう。

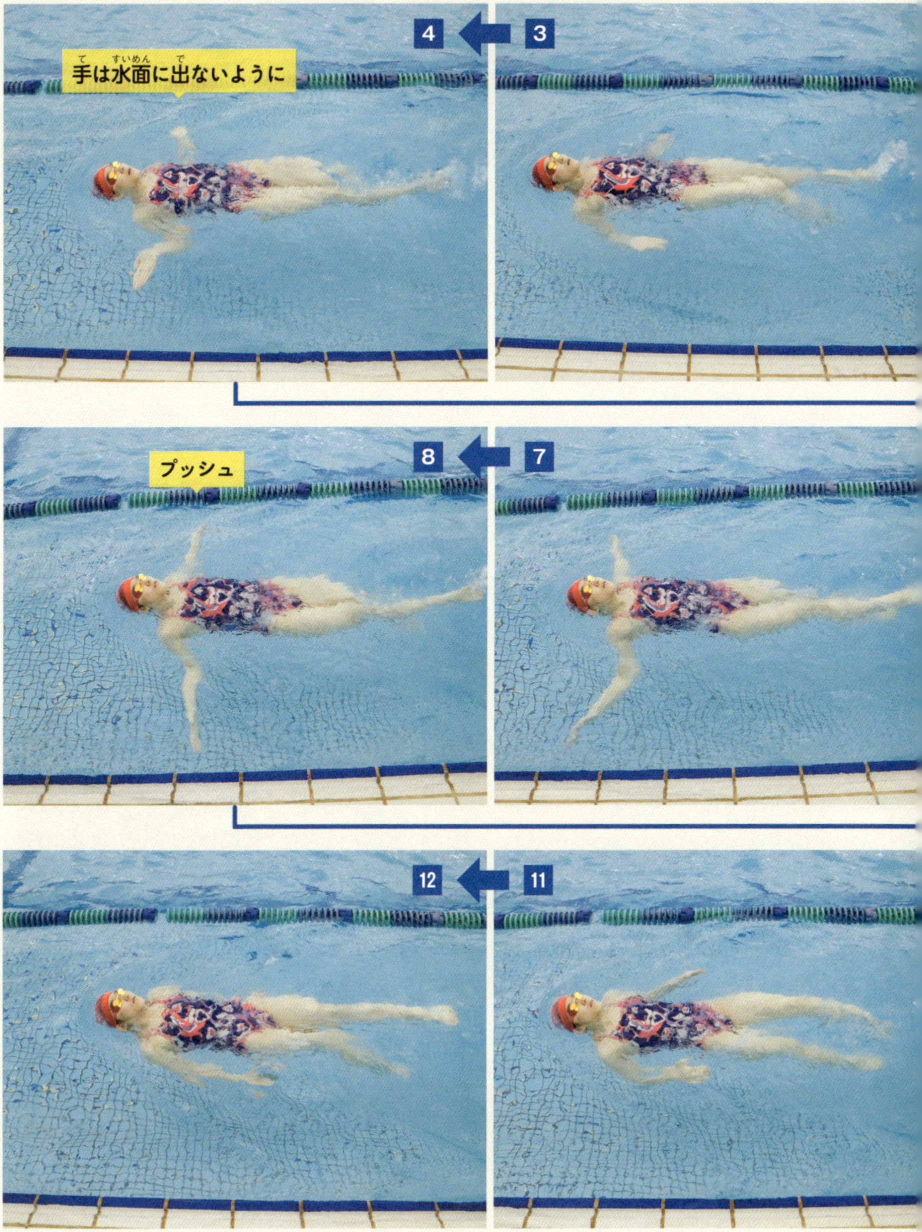

Let's Try

背泳《せおよ》ぎを泳《およ》いでみよう！

ここまで学《まな》んできた背泳《せおよ》ぎの基本《きほん》を生《い》かして、泳《およ》いでみましょう。壁《かべ》を蹴《け》ってスタートし、片方《かたほう》の手《て》から回《まわ》していきます。肩《かた》の延長線上《えんちょうせんじょう》のできるだけ遠《とお》くのところで小指《こゆび》から入《にゅう》水《すい》しましょう。手《て》のひらは横向《よこむ》きにして、水《みず》を足《あし》のほうへ押《お》し出《だ》すようにしてかきます。かききったら、水《すい》上《じょう》に手《て》を上《あ》げます。ヒジを曲《ま》げずに親指《おやゆび》から上《あ》げ、手《て》のひらを外《そと》に向《む》けていき、腕《うで》をねじりながら、反対側《はんたいがわ》の手《て》でかく動作《どうさ》に移《うつ》ります。足《あし》はバタ足《あし》で水《みず》を後方《こうほう》に押《お》し出《だ》し、蹴《け》り上《あ》げるようにキックを打《う》ちましょう。

第4章
だい　しょう

平泳ぎ
ひらおよ

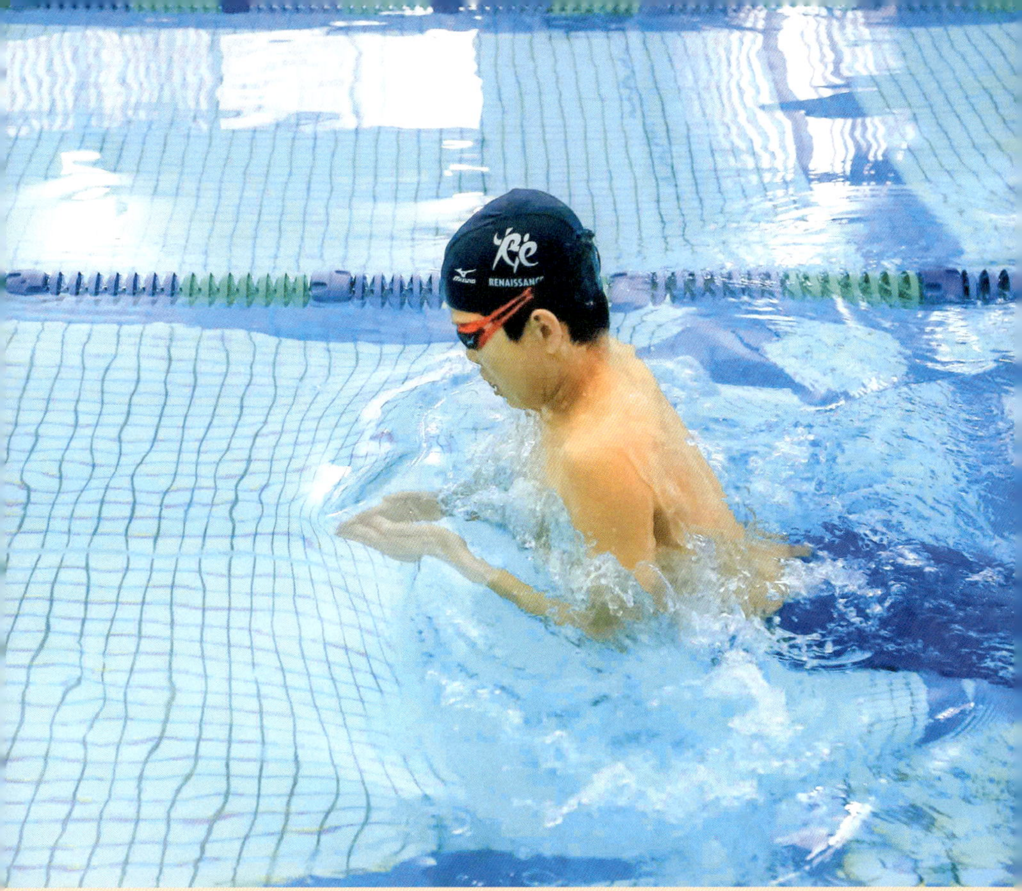

平泳《ひらおよ》ぎはほかの泳法《えいほう》と手《て》や足《あし》の動《うご》かし方《かた》が違《ちが》う

足《あし》の使《つか》い方《かた》を覚《おぼ》えることが上達《じょうたつ》のポイント！

海《うみ》やプールで平泳《ひらおよ》ぎの動作《どうさ》をしている人《ひと》をよく見《み》かけることから、初《しょ》心者《しんしゃ》の方《かた》でも簡単《かんたん》にできるようなイメージを持《も》たれがちです。

ただ、クロールや背泳《せおよ》ぎ、バタフライとは、手《て》の動《うご》き、足《あし》の動《うご》きがまったく異《こと》なるので、けっして簡単《かんたん》な泳《およ》ぎではありません。キックはバタ足《あし》ではなく、しっかり足首《あしくび》が返《かえ》らないと泳法《えいほう》としては平泳《ひらおよ》ぎにはなりません。この足《あし》の使《つか》い方《かた》を覚《おぼ》えることが大切《たいせつ》です。

上達《じょうたつ》のポイントは足《あし》の裏《うら》に水《みず》を引《ひ》っかけて、しっかり蹴《け》ること。クロールや背泳《せおよ》ぎでやってきたキックとは足《あし》の使《つか》い方《かた》が違《ちが》うので、平泳《ひらおよ》ぎならではの足《あし》の使《つか》い方《かた》を覚《おぼ》えることがとても大事《だいじ》です。

問題《もんだい》 21
初級《しょきゅう》

平泳《ひらおよ》ぎのキックはある生《い》き物《もの》の水中《すいちゅう》での足《あし》の動《うご》きに似《に》ています。その生《い》き物《もの》とはなんでしょうか？

1 アヒル

2 カエル

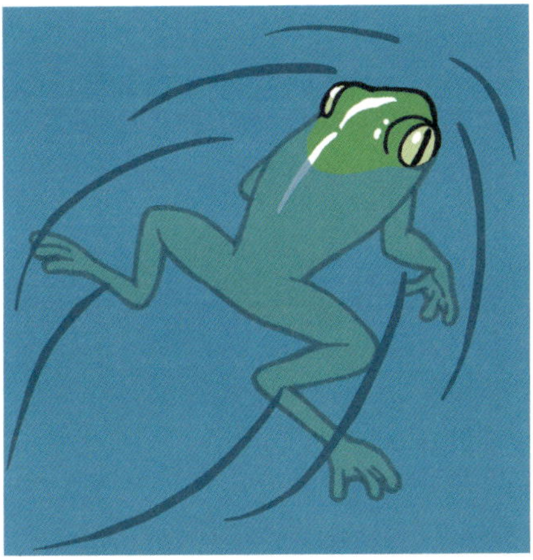

3 ペンギン

答《こた》えがわかったらページをめくってね

21の答《こた》え

▼ 2

カエル

なんで

ヒザをたたんで蹴《け》り出《だ》す

平泳《ひらおよ》ぎのキックはカエルの足《あし》の動《うご》きに似《に》ています。両足《りょうあし》をお尻《しり》のほうに引《ひ》きつけて、足《あし》の裏《うら》で水《みず》を蹴《け》ります。クロールや背泳《せおよ》ぎ、バタフライとは足《あし》の使《つか》い方《かた》が違《ちが》います。ヒザをたたんで蹴《け》り出《だ》すところがカエルと似《に》ています。

問題《もんだい》22 初級《しょきゅう》

平泳《ひらおよ》ぎのキックは2種類《しゅるい》あります。次《つぎ》の中《なか》で平泳《ひらおよ》ぎのキックでないのは?

ウィップはムチ、
ドルフィンはイルカ、
ウェッジはV字型《じがた》の
もののことだよ

1. ウィップキック
2. ドルフィンキック
3. ウェッジキック

\ヒント/
hint

平泳《ひらおよ》ぎではない泳法《えいほう》で使《つか》うキックが入《はい》っています。

☜ 答《こた》えがわかったらページをめくってね

22の答《こた》え ▶ 2 ドルフィンキック

なんで

平泳《ひらおよ》ぎでは違反《いはん》

2のドルフィンキックは足《あし》をそろえて足《あし》の甲《こう》で水《みず》を上下《じょうげ》に打《う》つ、イルカのようなキックで平泳《ひらおよ》ぎでは違反《いはん》になります。

平泳《ひらおよ》ぎのキックには1のウィップキックと3のウェッジキックの2種類《しゅるい》があります。

これ知《し》ってる？ ウィップキック

ヒザをあまり開《ひら》かず、真後《まうし》ろへ蹴《け》るキックです。バタフライの延長《えんちょう》のような感《かん》じで、近年《きんねん》の競泳《きょうえい》では主流《しゅりゅう》になっているキックの方法《ほうほう》です。

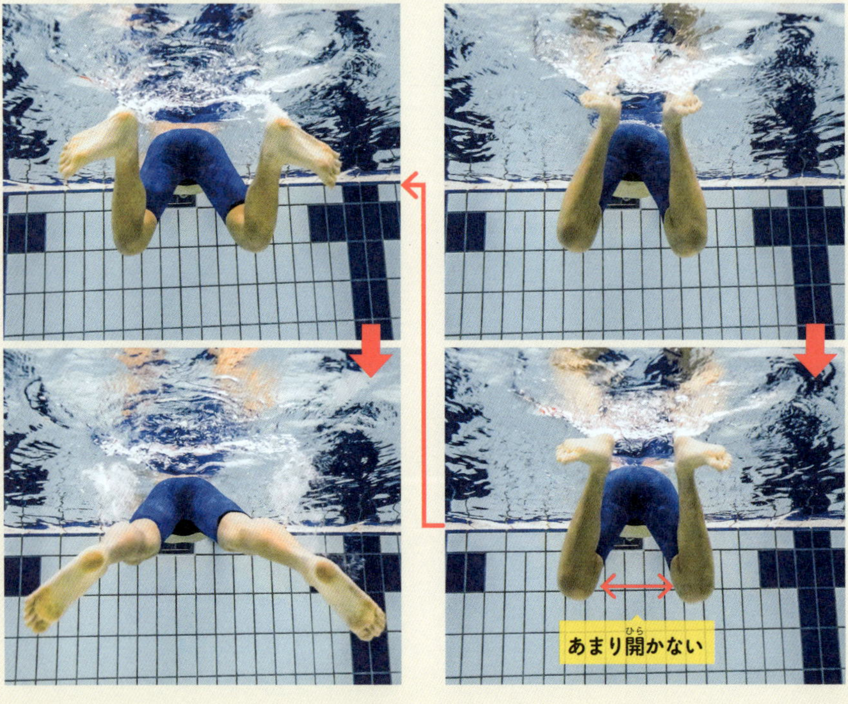

NG!

足首《あしくび》が伸《の》びてしまっている

▲平泳《ひらおよ》ぎでは足《あし》を引《ひ》きつけたとき、足首《あしくび》が内側《うちがわ》に返《かえ》っていないとルール違反《いはん》になる。このような足《あし》をあおり足《あし》と言《い》う

これ知《し》ってる？ ウェッジキック

ヒザを肩幅《かたはば》より広《ひろ》いくらいに開《ひら》き、ヒザから下《した》を巻《ま》くような感《かん》じで蹴《け》る、いわゆるカエル足《あし》の初心者《しょしんしゃ》向《む》きのキックです。ヒザに負担《ふたん》がかからないのでヒザのケガが少《すく》ない方法《ほうほう》と言《い》われています。

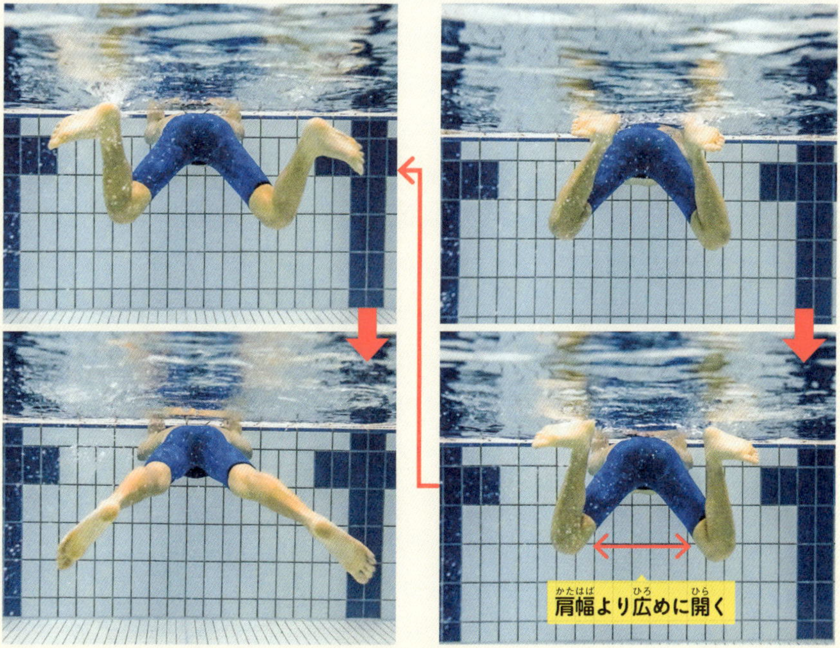

トライ!

うつぶせキック

足《あし》だけ水中《すいちゅう》に入《い》れてキックの練習《れんしゅう》をしてみましょう。

トライ!

腰《こし》かけキック

プールサイドに腰《こし》かけてキックの練習《れんしゅう》をしてみましょう。

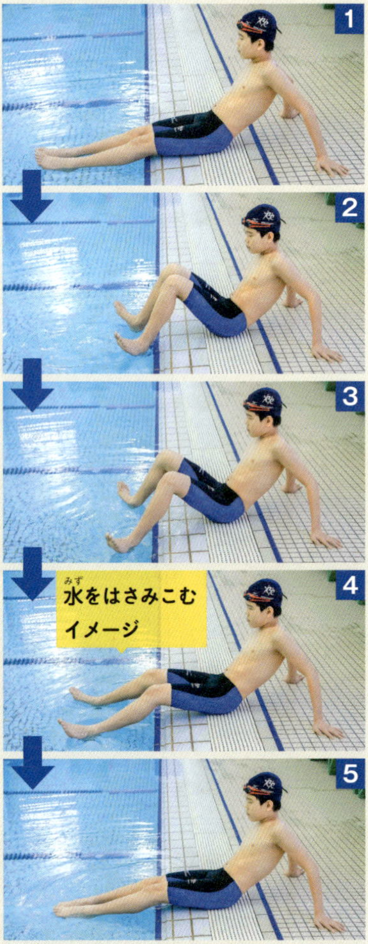

1 両足《りょうあし》を肩幅《かたはば》くらいに開《ひら》きます。2 かかとを引《ひ》きつけます。3 足《あし》の裏《うら》で水《みず》をしっかり蹴《け》るために足《あし》の指《ゆび》を外《そと》に開《ひら》きます。4 5 ヒザから下《した》を伸《の》ばしながら足《あし》を閉《と》じます

トライ! 壁《かべ》キック

うつぶせキックの次《つぎ》は壁《かべ》キック。水中《すいちゅう》で壁《かべ》をつかんでキックの練習《れんしゅう》をします。かかとはお尻《しり》のほうに引《ひ》きつけ、足《あし》の指《ゆび》は外《そと》に向《む》け、水《みず》をはさみこむようにしてキックします。くり返《かえ》し練習《れんしゅう》して足《あし》の動《うご》かし方《かた》を覚《おぼ》えましょう。

トライ! 平泳《ひらおよ》ぎの練習法《れんしゅうほう》「背面《はいめん》キック」

平泳《ひらおよ》ぎのキックをあお向《む》けで行《おこな》います。ここでチェックポイントはヒザがなるべく水面《すいめん》から出《で》ないようにすることです。あお向《む》けでヒザが水《みず》の上《うえ》に出《で》るということはそれだけ抵抗《ていこう》を受《う》けているということなので、かかとをお尻《しり》のほうによく引《ひ》きつけて、水《すい》圧《あつ》をしっかり感《かん》じて蹴《け》りましょう。

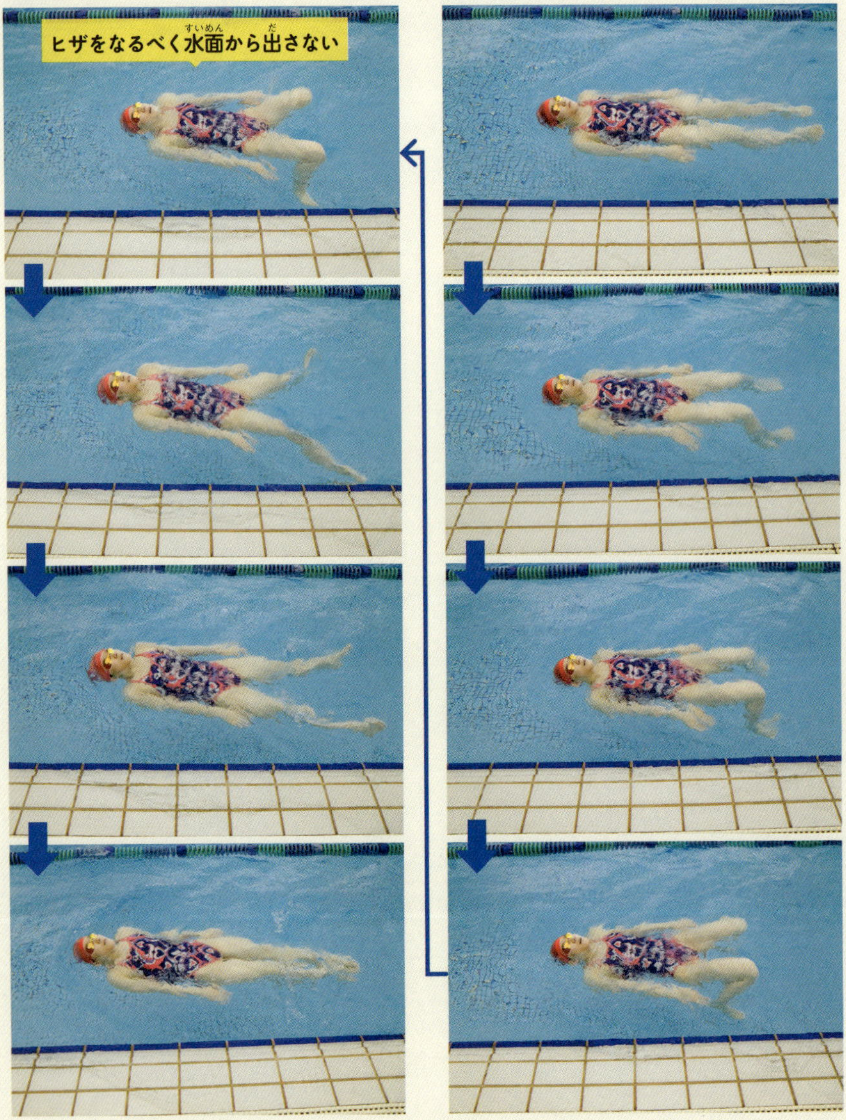

問題《もんだい》 23 中級《ちゅうきゅう》

平泳《ひらおよ》ぎの手《て》の動《うご》かし方《かた》で正《ただ》しいのはどっち？

1 両手《りょうて》で○を描《えが》くようにかく

2 両手《りょうて》でたて方向《ほうこう》に水《みず》をかく

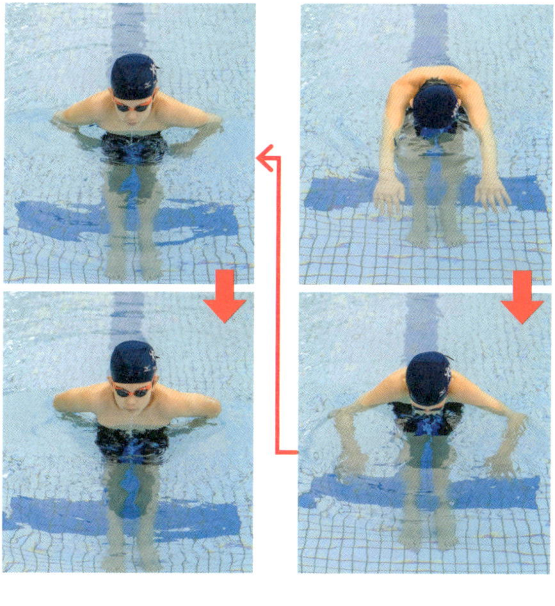

答《こた》えがわかったらページをめくってね

23の答《こた》え ▶ 1 両手《りょうて》で○を描《えが》くようにかく

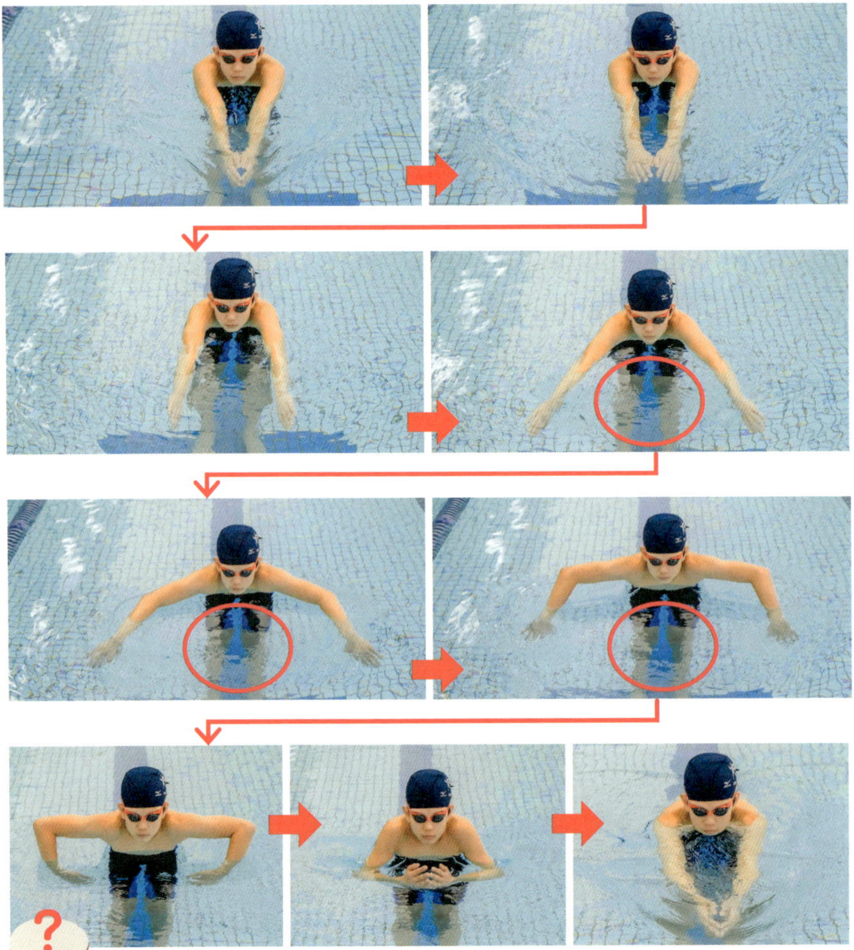

なんで

手《て》のひらを合《あ》わせることで抵抗《ていこう》が減《へ》る

平泳《ひらおよ》ぎのプルは両手《りょうて》のひらを合《あ》わせ、前方《ぜんぽう》にまっすぐ伸《の》ばした状態《じょうたい》から始《はじ》めます。こうすることで水《みず》の抵抗《ていこう》を減《へ》らすことができます。そしてまっすぐ伸《の》ばしきったところから手《て》のひらを外側《そとがわ》に向《む》けながら、両手《りょうて》で○を描《えが》くようにして動《うご》かします。両手《りょうて》が肩幅程度《かたはばていど》に開《ひら》いたら、手《て》のひらを内側《うちがわ》に向《む》けて水《みず》をかきこむようにして前方《ぜんぽう》へ動《うご》かします。

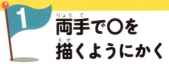

POINT

フォームを確認《かくにん》しよう

1 2 3 壁《かべ》を蹴《け》り、両手《りょうて》を前方《ぜんぽう》にまっすぐ伸《の》ばし、手《て》のひらを軽《かる》く合《あ》わせた状態《じょうたい》からスタート！　ぐーっと前《まえ》に伸《の》びながら、手《て》の親指《おやゆび》を下《した》に向《む》けて手《て》のひらを外《そと》に開《ひら》いていく。4 5 少しヒジを立《た》て、ワキを締《し》めながら両手《りょうて》を体《からだ》のほうに持《も》ってくる（ヒジを立《た》てる角度《かくど》は90度《ど》くらい)。6 7 8 そのまま前《まえ》にぐーっと伸《の》ばす。ストリームラインの姿勢《しせい》をとることを意《い》識《しき》する

POINT

フォームを確認《かくにん》しよう（水中《すいちゅう》）

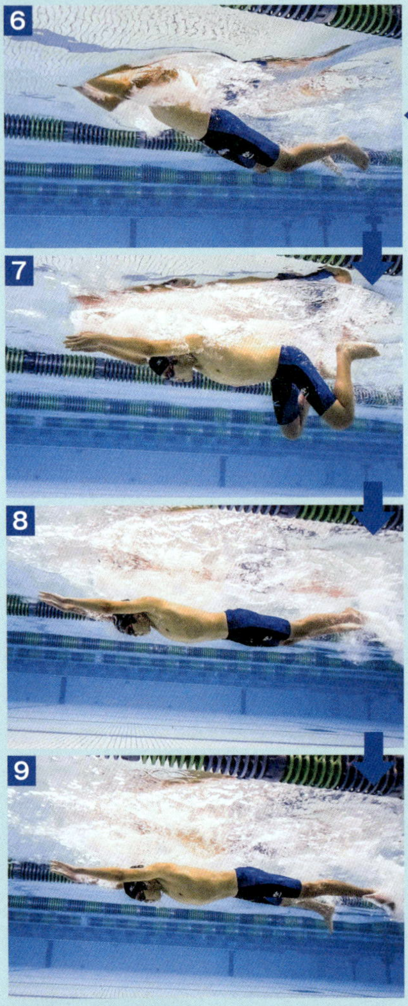

POINT

イチ、ニ、イチ、ニのテンポで

できるようになったらテンポアップ！イチ、ニ、イチ、ニのテンポでスムーズにやってみよう。

問題《もんだい》 24
中級《ちゅうきゅう》

平泳《ひらおよ》ぎで息《いき》を吸《す》うのはどのタイミング？

1 手《て》が水《みず》をかく動作《どうさ》に入《はい》ったとき

2 手《て》を前《まえ》に伸《の》ばすとき

平泳《ひらおよ》ぎの呼吸《こきゅう》は
クロールとは違《ちが》って
顔《かお》は傾《かたむ》けないよ

 答《こた》えがわかったらページをめくってね

24の答《こた》え ▼ 1

手《て》が水《みず》をかく動作《どうさ》に入《はい》ったとき

息《いき》を吐《は》く

息《いき》を吸《す》う

なんで

頭《あたま》を水上《すいじょう》に出《だ》さなければいけない

平泳《ひらおよ》ぎは泳《およ》ぎのサイクルの間《あいだ》に頭《あたま》の一部《いちぶ》が水上《すいじょう》から出《だ》なければいけないというルールがあります。ですから必《かなら》ず頭《あたま》を水上《すいじょう》に出《だ》して呼吸《こきゅう》する必《ひつ》要《よう》があります。やり方《かた》としては手《て》を伸《の》ばして頭《あたま》を入《い》れ、前《まえ》にまっすぐ伸《の》びる姿勢《しせい》になったときに息《いき》を吐《は》き、頭《あたま》を上《あ》げて吸《す》います。

問題《もんだい》 25
中級《ちゅうきゅう》

手《て》と足《あし》はどう動《うご》かすのがいい？

1 同時《どうじ》に動《うご》かす

2 手《て》の動作《どうさ》のあと
足《あし》の動作《どうさ》（キック）が入《はい》る

3 足《あし》の動作《どうさ》（キック）のあと
手《て》の動作《どうさ》が入《はい》る

☜ 答《こた》えがわかったらページをめくってね

25の答《こた》え ▶ 2 手《て》の動作《どうさ》のあと足《あし》の動作《どうさ》（キック）が入《はい》る

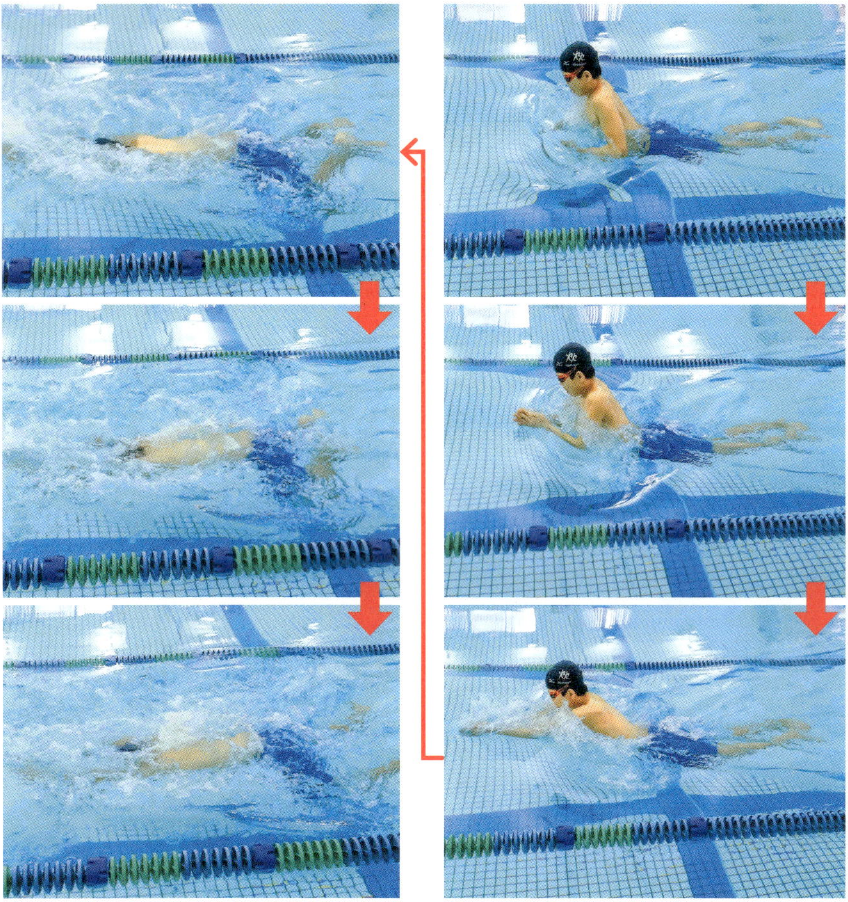

なんで

ひとかき、ひと蹴《け》り

平泳《ひらおよ》ぎはひとかきにつき、ひと蹴《け》りするのが基本《きほん》です。手《て》の動作《どうさ》が終了《しゅうりょう》したら、足《あし》の動作《どうさ》（キック）が入《はい》ります。足《あし》を引《ひ》きつけるタイミングは、手《て》を伸《の》ばし始《はじ》めたとき。手《て》と足《あし》を同時《どうじ》に動《うご》かすと水《みず》の抵《てい》抗《こう》を受《う》けやすくなってしまい進《すす》みにくくなるので気《き》をつけましょう。

問題《もんだい》
26
中級《ちゅうきゅう》

よく進《すす》むのはどっち？

1 とにかくたくさんかく

2 しっかり伸《の》びる姿勢《しせい》を作《つく》る

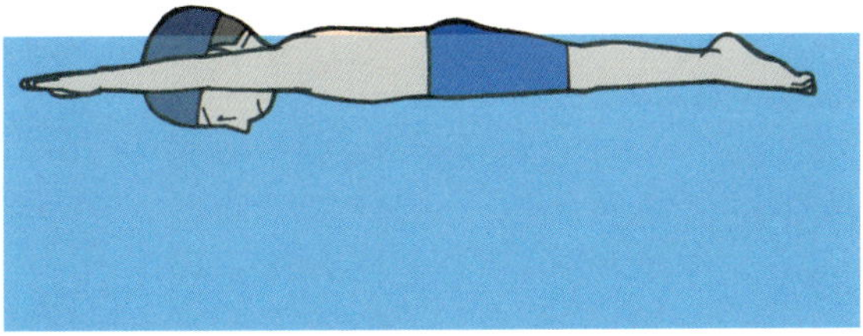

\ヒント/
hint

水《みず》の抵抗《ていこう》を少《すく》なくすることが大事《だいじ》です。

答《こた》えがわかったらページをめくってね

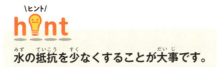

26の答《こた》え ▼ 2

しっかり伸《の》びる姿勢《しせい》を作《つく》る

なんで

体《からだ》をまっすぐ伸《の》ばすことで前進《ぜんしん》する

平泳《ひらおよ》ぎは、キック動作《どうさ》を終《お》えたあと、体《からだ》をまっすぐに伸《の》ばすことで、大《おお》きく前進《ぜんしん》します。あせってカチャカチャとかきすぎると効率《こうりつ》が悪《わる》く、進《すす》みにくくなります。蹴《け》り終《お》わったあとはゆったりと大《おお》きく伸《の》びるようにしましょう。

POINT

ストリームラインのときに進《すす》む

体《からだ》をまっすぐに伸《の》ばした姿勢《しせい》のことをストリームラインと言《い》います。平泳《ひらおよ》ぎではこのストリームラインのときに大《おお》きく前進《ぜんしん》します。

トライ！ 平泳《ひらおよ》ぎの練習法《れんしゅうほう》「スリーキックワンストローク」

平泳《ひらおよ》ぎのキック力《りょく》の強化《きょうか》のために行《おこな》うドリルです。キックの際《さい》の足《あし》の形《かたち》や蹴《け》り方《かた》はもちろん、呼吸《こきゅう》のタイミングを確認《かくにん》するためにもよく行《おこな》います。平泳《ひらおよ》ぎのキックを3回行《かいおこな》い、1回《かい》かく（呼吸《こきゅう》する）動《うご》きを1セットとして行《おこな》います。

水《みず》をかききる前《まえ》にあせってキックを入《い》れないようにします。水《みず》をかききり、手《て》をまっすぐ前《まえ》に伸《の》ばし、ストリームラインをとってからキックを始《はじ》めるのが正《ただ》しいタイミングです。「手《て》を前《まえ》に伸《の》ばしきったらキック」、と覚《おぼ》えておくといいですね。平《ひら》泳《およ》ぎはタイミングが重要《じゅうよう》な泳《およ》ぎです。多《おお》くのトップ選手《せんしゅ》が、タイミングが狂《くる》ったらこのドリルを行《おこな》っています。

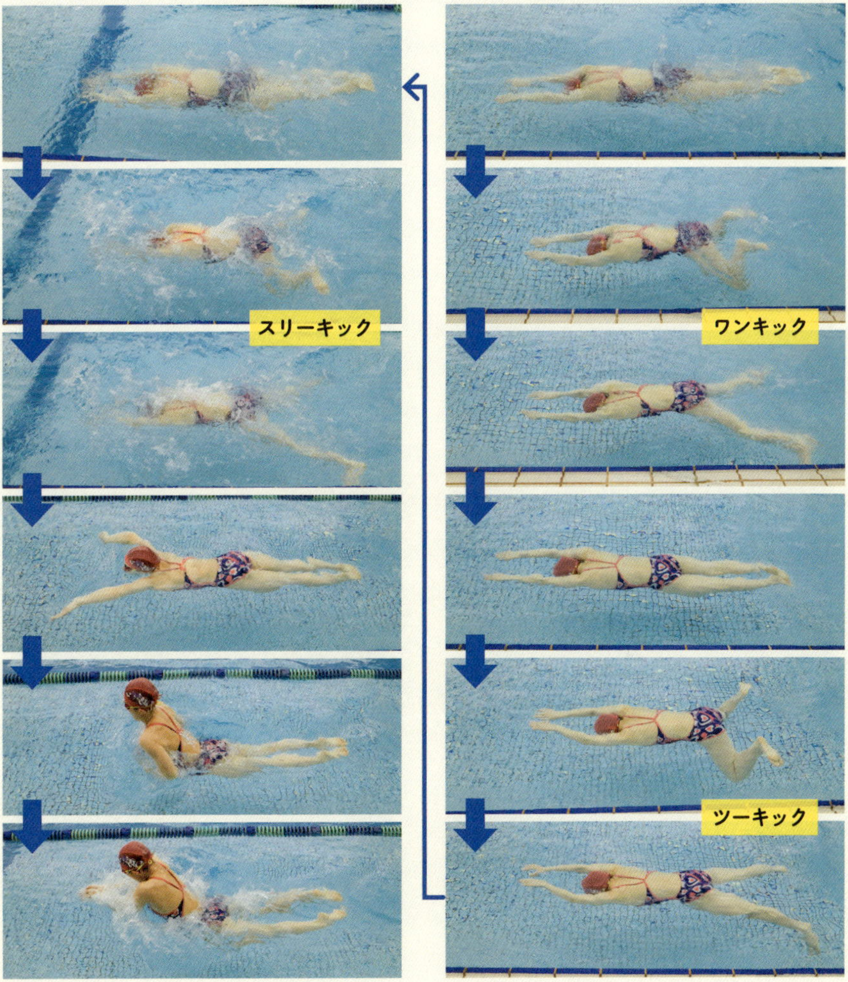

Let's Try

平泳《ひらおよ》ぎを泳《およ》いでみよう！

ここまで平泳《ひらおよ》ぎの基本《きほん》を学《まな》んできました。さっそく泳《およ》いでみましょう。壁《かべ》を蹴《け》ってスタート！　両方《りょうほう》の手《て》のひらを重《かさ》ねた状態《じょうたい》で前方《ぜんぽう》にまっすぐ伸《の》ばします。手《て》の親指《おやゆび》を下《した》に向《む》けながら（手《て》のひらを外側《そとがわ》に向《む》けながら）、肩幅程度《かたはばていど》に開《ひら》いていきます。肩幅程度《かたはばていど》に開《ひら》いたら、少《すこ》しヒジを立《た》ててワキを締《し》めて引《ひ》きつけます（ヒジを立《た》てる角度《かくど》は90度《ど》くらい）。そこから両手《りょうて》を前《まえ》にぐーっと伸《の》ばし、ストリームラインの姿勢《しせい》をとります。体《からだ》が伸《の》びたら、キックを打《う》ち始《はじ》めます。両足《りょうあし》のかかとをお尻《しり》のほうに引《ひ》きつけ、足《あし》の指《ゆび》を外《そと》に開《ひら》き、足《あし》の裏《うら》で水《みず》を蹴《け》りましょう。蹴《け》り終《お》わりは、ヒザから下《した》を伸《の》ばしながら足《あし》を閉《と》じます。

第《だい》5章《しょう》

バタフライ

タイミングをつかめば スムーズにできる泳《およ》ぎ

上達《じょうたつ》のポイントは リズムとタイミング

バタフライは学校《がっこう》の体育《たいいく》ではやらない泳《およ》ぎ方《かた》なので、むずかしいイメージを持《も》っている人《ひと》も多《おお》いかもしれません。そんな人《ひと》はクロールの手《て》が一緒《いっしょ》に動《うご》く、クロールのバタ足《あし》が一緒《いっしょ》に動《うご》く。そんなふうにイメージしてみたらいいと思《おも》います。

リズムがとても大切《たいせつ》なので、それをしっかり覚《おぼ》えながら、手《て》のかき、キックを打《う》つタイミングをつかめば、スムーズにできる泳《およ》ぎです。

泳《およ》ぎを覚《おぼ》える順序《じゅんじょ》として、クロールや背泳《せおよ》ぎなど、ほかの泳法《えいほう》をマスターしたあとということもあって、リズムとタイミングさえ覚《おぼ》えれば、小学生《しょうがくせい》でも比較的《ひかくてき》早《はや》く覚《おぼ》えられます。ただ、バタフライは抵抗《ていこう》を受《う》けやすいため力《ちから》が必要《ひつよう》な泳《およ》ぎでもあります。

ドルフィンはイルカ、
フロッグはカエルのことだよ

問題《もんだい》

27

初級《しょきゅう》

バタフライのキックのことをなんと呼《よ》ぶでしょうか?

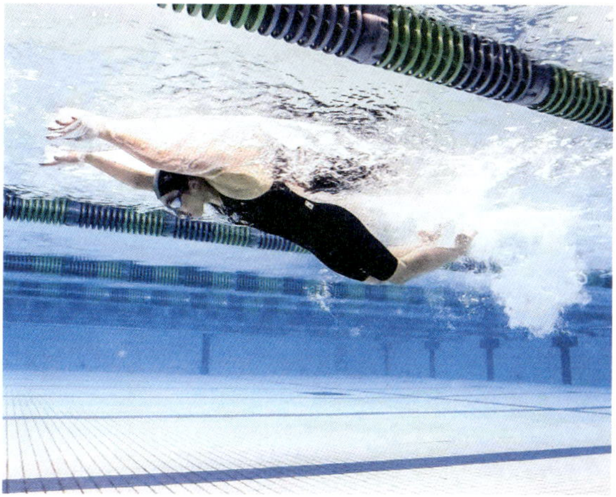

1 ドルフィンキック

2 カンガルーキック

3 フロッグキック

ヒント
hint

選択肢《せんたくし》に名前《なまえ》がある生《い》き物《もの》の泳《およ》ぎ方《かた》を想像《そうぞう》してみてください。

 答《こた》えがわかったらページをめくってね

27の答《こた》え

▼ 1

ドルフィンキック

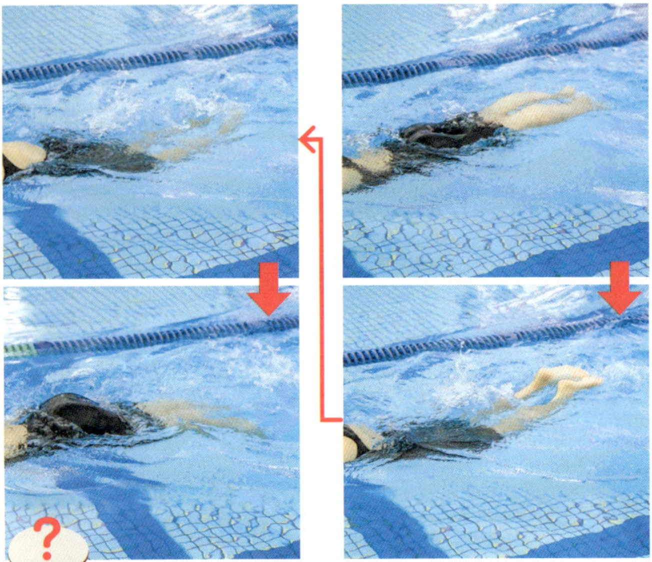

なんで

両足一緒《りょうあしいっしょ》に動《うご》かす

バタフライのキックは両足《りょうあし》のつま先《さき》までくっついた状態《じょうたい》から始《はじ》めます。足《あし》のつけ根《ね》から上下《じょうげ》に動《うご》かし、ムチのようにしならせます。足首《あしくび》は柔《やわ》らかく動《うご》かすことが大切《たいせつ》で、イルカ（ドルフィン）のひれのようにしならせるため、ドルフィンキックと呼《よ》ばれています。

NG!

足《あし》をバラバラに動《うご》かす

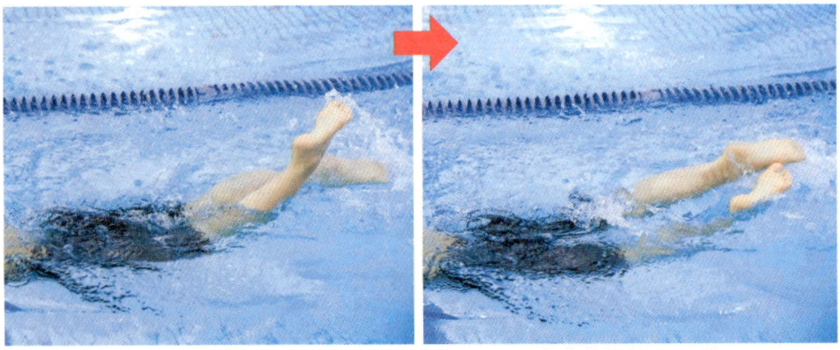

▲バタフライのキックは足《あし》をそろえて行《おこな》います。競技大会《きょうぎたいかい》では足《あし》がバラバラになると失格《しっかく》になります

問題《もんだい》 28

初級《しょきゅう》

バタフライのキックの回数《かいすう》は？

**バタフライは1ストロークの中《なか》で
キックを□回《かい》打《う》ちます。
□に入《はい》る数字《すうじ》は？**

平泳《ひらおよ》ぎは1ストローク、
1キックだったけど、
バタフライは違《ちが》うのかな？

\ヒント/
hint

バタフライのキックは1回《かい》ではありません。

28の答《こた》え

▼

2回《かい》

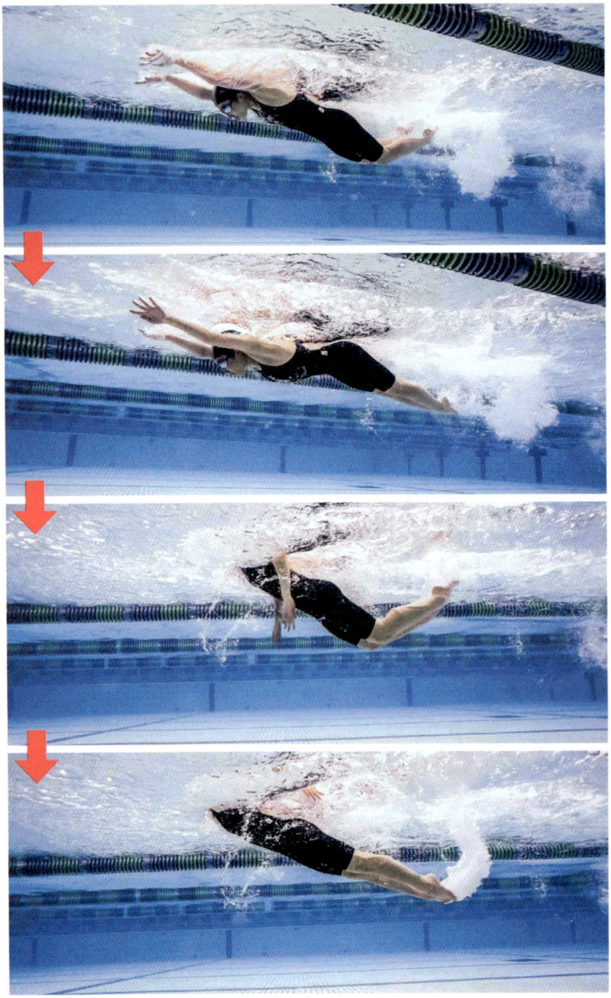

第《だい》1キック

第《だい》2キック

POINT

水《みず》を後《うし》ろに送《おく》り出《だ》す

バタフライのキックは、水《みず》を後《うし》ろへ送《おく》り出《だ》すようなイメージで行《おこな》います。バタ足《あし》とは違《ちが》うので足《あし》の甲《こう》で水《みず》をたたかないようにしましょう。

これ知《し》ってる？

バタフライは1ストロークの中《なか》で2回《かい》キックを打《う》つ

バタフライは1ストロークの中《なか》でキックを2回《かい》打《う》ちます。手《て》を前《まえ》に伸《の》ばしてキャッチしたときに打《う》つのを第《だい》1キック、水《みず》を押《お》しきったときに打《う》つのを第《だい》2キックと言《い》います。

トライ! バタフライのキック練習《れんしゅう》

ビート板《ばん》キック

ビート板《ばん》の先端《せんたん》を持《も》ち、キックを打《う》って進《すす》みます。キックを打《う》つと体《からだ》が自然《しぜん》にしなり、お尻《しり》が水面《すいめん》に上《あ》がってきます。無理《むり》にお尻《しり》を上《あ》げ下《さ》げしないようにしましょう。

壁《かべ》キック

両手《りょうて》で壁《かべ》をつかみ、顔《かお》を水《みず》に入《い》れてキック動作《どうさ》を行《おこな》います。キックを打《う》てば自然《しぜん》に体《からだ》にうねりができて前《まえ》へ進《すす》む力《ちから》が生《う》まれます。

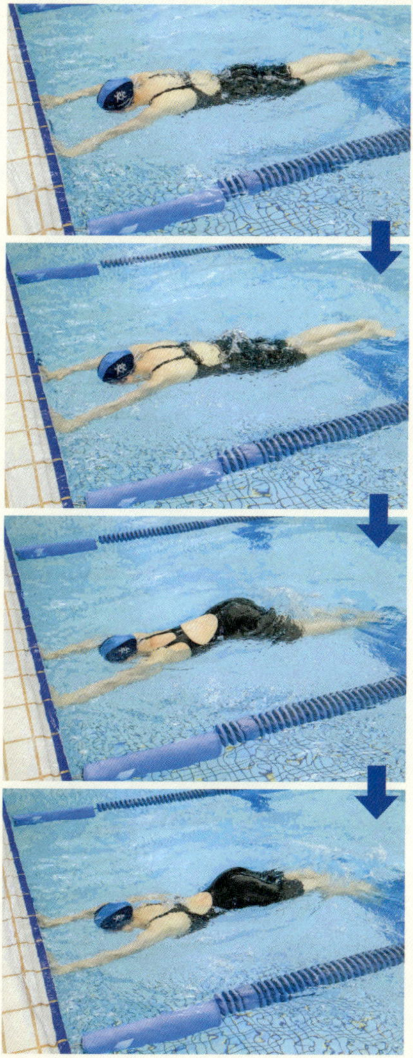

NG! お尻《しり》を無理《むり》に上《あ》げる

▲どちらの練習《れんしゅう》もお尻《しり》を無理《むり》に上《あ》げるのはNG。キックを打《う》って体《からだ》がしなれば無理《むり》に上《あ》げなくてもお尻《しり》は上《あ》がります

トライ!

バタフライの練習法《れんしゅうほう》「体側《たいそく》キック」

バタフライの姿勢《しせい》の維持《いじ》とキック力《りょく》強化《きょうか》のためのドリルです。バタフライという泳《およ》ぎの特徴《とくちょう》から、体《からだ》が大《おお》きくうねりすぎてしまう場合《ばあい》があるので、そうならないよう、このドリルで確認《かくにん》していきます。手《て》の動作《どうさ》をつけず、キックだけ行《おこな》います。ポイントは上半身《じょうはんしん》が上下動《じょうげどう》しないようにすること。上半身《じょうはんしん》をなるべくまっすぐに伸《の》ばすような感覚《かんかく》でキックを行《おこな》います。おでこや髪《かみ》の生《は》え際《ぎわ》、もしくはキャップのラインのところが水《みず》についているくらいの姿勢《しせい》で行《おこな》います。

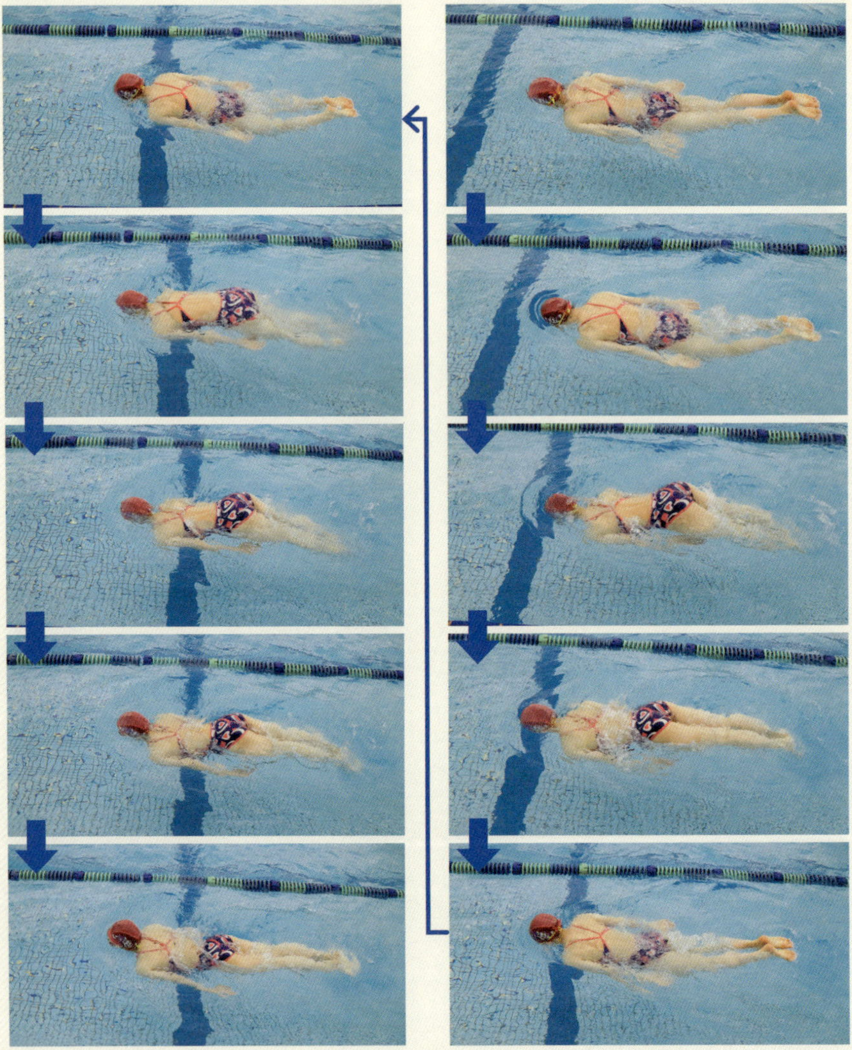

問題《もんだい》 29 中級《ちゅうきゅう》

バタフライの手《て》の使《つか》い方《かた》で正《ただ》しいのは？

手《て》をどうやって
動《うご》かしたら進《すす》むかな？

**バタフライで水《みず》をかくとき、
入水《にゅうすい》して水《みず》をキャッチしてから、
○○○のほうに手《て》を持《も》ってきます。
○○○に入《はい》るからだの部位《ぶい》はどこ？**

▲このあと両手《りょうて》はどこへ持《も》っていく？

1 あたま

2 おへそ

3 せなか

 答《こた》えがわかったらページをめくってね

29の答《こた》え

▼

2

おへそ

なんで

水《みず》をしっかりかききるため

バタフライは手《て》を前方《ぜんほう》に伸《の》ばした状態《じょうたい》から水《みず》をかき、小指《こゆび》のほうに力《ちから》を入《い》れながら、手《て》のひらをおへそのほうに持《も》っていき、そのまま水《みず》を後《うし》ろへ押《お》しきります。水平《すいへい》に水《みず》をかきこむために、ヒジを90度《ど》に曲《ま》げて水《みず》をおへそのほうにかきこみます。押《お》しきったら、肩《かた》をくるっと回《まわ》して両手《りょうて》を前《まえ》に持《も》ってきます。これで1ストロークです。しっかり水《みず》をかき、大《おお》きな泳《およ》ぎを心《こころ》がけましょう。

トライ! プールサイドで手《て》の動《うご》きを練習《れんしゅう》してみよう

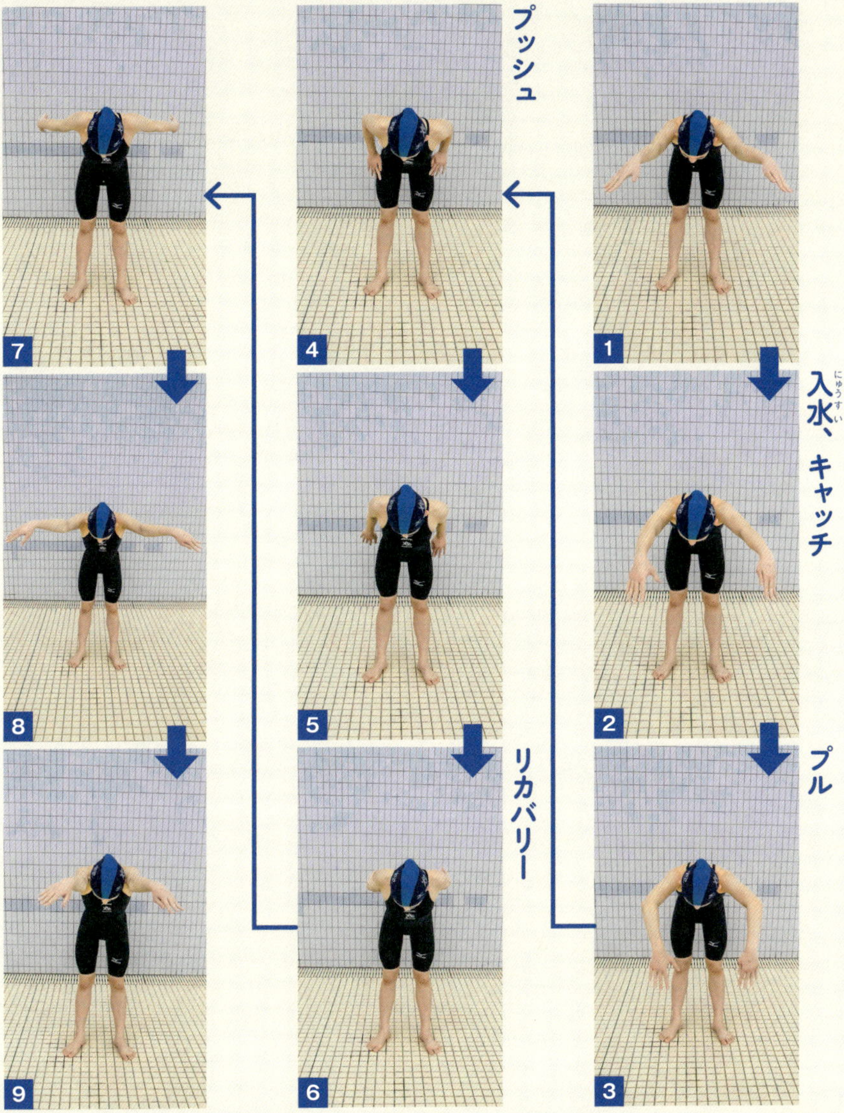

1 手《て》を前方《ぜんぽう》に伸《の》ばす
2 水《みず》をとらえる〈入水《にゅうすい》、キャッチ〉
3 小指《こゆび》のほうに力《ちから》を入《い》れながら、手《て》のひらをおへそのほうに持《も》ってくる〈プル〉

4～5 そのまま水《みず》を押《お》しきる〈プッシュ〉
6～9 肩《かた》をくるっと回《まわ》して両手《りょうて》を前《まえ》に持《も》ってくる〈リカバリー〉
手《て》を回《まわ》すときはなるべく水平《すいへい》にする

手《て》の動《うご》きの練習《れんしゅう》（横《よこ》から動《うご》かし方《かた》をチェック）

1 前方《ぜんぽう》に手《て》を伸《の》ばし、水《みず》をとらえる〈入水《にゅうすい》、キャッチ〉

2 小指《こゆび》のほうに力《ちから》を入《い》れながら、手《て》のひらをおへそのほうに持《も》ってくる〈プル〉

3～5 そのまま水《みず》を押《お》しきる〈プッシュ〉

6～9 肩《かた》をくるっと回《まわ》して水平《すいへい》に両手《りょうて》を前《まえ》に持《も》ってくる〈リカバリー〉

問題《もんだい》
30
中級《ちゅうきゅう》

バタフライで息《いき》を吸《す》うタイミングはいつ？

1 顔《かお》が水面《すいめん》に上《あ》がってきたタイミング

2 顔《かお》を水面《すいめん》につけるタイミング

水面《すいめん》から上《あ》げるときと
水面《すいめん》につけるとき、
どっちのほうが
呼吸《こきゅう》しやすいかな

答《こた》えがわかったらページをめくってね

30の答《こた》え

▼ 1

顔《かお》が水面《すいめん》に上《あ》がってきたタイミング

これ知《し》ってる？ 呼吸《こきゅう》は毎回《まいかい》しなくてもいい

バタフライでは、顔《かお》が水面《すいめん》から上《あ》がってきたタイミングで息《いき》を吸《す》います。吐《は》くタイミングは息《いき》を吸《す》う前《まえ》（キャッチからかき始《はじ》めのタイミング）、上半身《じょうはんしん》が水《みず》から上《あ》がるタイミングです。呼吸《こきゅう》をすると水《みず》の抵抗《ていこう》を受《う》けるので、慣《な》れてきたら毎回《まいかい》しなくてもOKです。

吐《は》く

吸《す》う

NG! 左右《さゆう》のバランスがくずれている

▲左右《さゆう》が非対称《ひたいしょう》になると進《すす》みにくくなる。バタフライは手《て》と足《あし》を同時《どうじ》に動《うご》かすのが特徴《とくちょう》。左右《さゆう》の動《うご》きが同《おな》じような軌道《きどう》を通《とお》るようにしよう

NG! 上半身《じょうはんしん》が立《た》ちすぎる

▲水《みず》に対《たい》する抵抗《ていこう》が大《おお》きくなり進《すす》みにくくなる。水面《すいめん》に対《たい》して水平《すいへい》に泳《およ》ぐようにしよう

POINT

毎回《まいかい》呼吸《こきゅう》はなるべく避《さ》ける

呼吸動作《こきゅうどうさ》を１ストロークごとに入《い》れると水《みず》の抵抗《ていこう》が大《おお》きくなり（上半身《じょうはんしん》が立《た》つのでそのぶん、抵抗《ていこう》を受《う》ける）、疲労《ひろう》します。

毎回呼吸《まいかいこきゅう》ではなく、２ストロークに１回《かい》くらいにするとスムーズに泳《およ》げるようになるでしょう。

トライ! バタフライの練習法《れんしゅうほう》「片手《かたて》バタフライ」

バタフライの手《て》の動作《どうさ》とキックのタイミングを身《み》につけるためのドリルです。片手《かたて》を伸《の》ばした状態《じょうたい》で、キックを行《おこな》います。バタフライは、1ストロークでキックを2回《かい》行《おこな》いますので、まず入水《にゅうすい》したときにキックを行《おこな》い（第《だい》1キック)、水《みず》をかききるときにもう一度《いちど》キックを行《おこな》います（第《だい》2キック)。呼吸《こきゅう》は第《だい》2キックを行《おこな》うときに行《おこな》います。そのタイミングを覚《おぼ》えましょう。

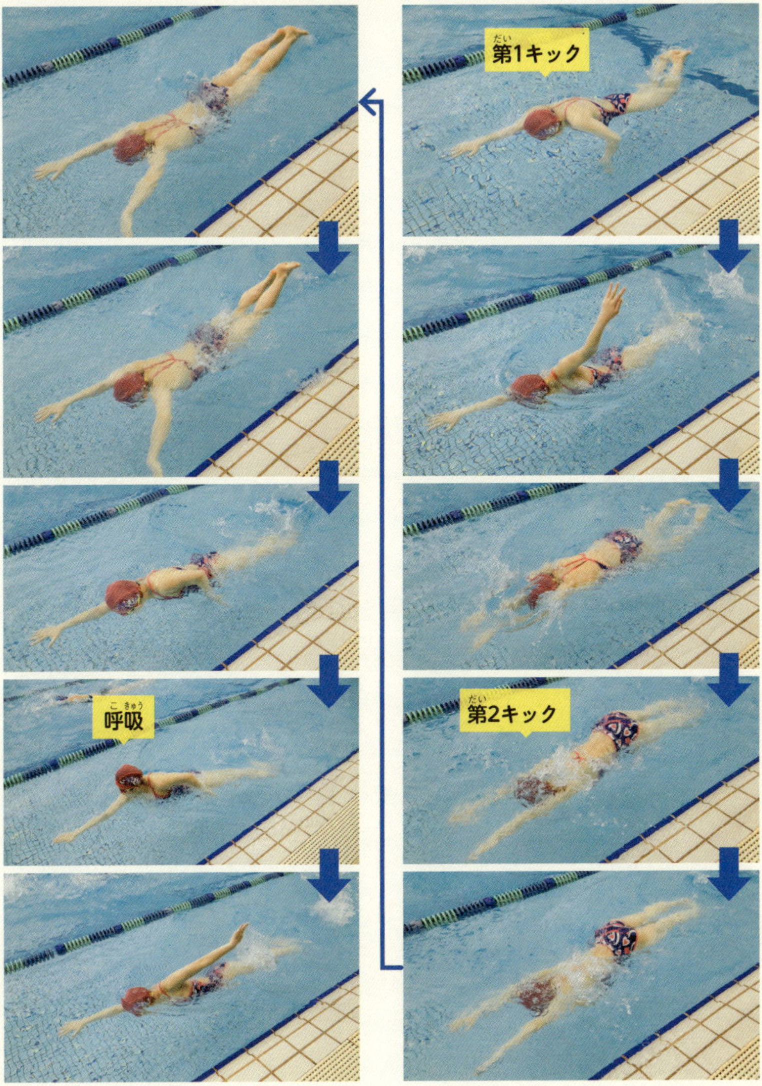

Let's Try

バタフライを泳《およ》いでみよう！

ここまでバタフライの基本《きほん》を学《まな》んできました。さっそく泳《およ》いでみましょう。バタフライは水面《すいめん》に対《たい》して並行《へいこう》に泳《およ》げるかどうかが大切《たいせつ》です。上半身《じょうはんしん》が立《た》ってしまうと抵抗《ていこう》になり、前《まえ》に進《すす》む力《ちから》が弱《よわ》くなってしまうからです。前《まえ》に進《すす》む力《ちから》が弱《よわ》まると、がんばってかいても、キックを打《う》ってもあまり進《すす》まないので疲《つか》れてしまってますます進《すす》む力《ちから》が弱《よわ》くなります。なるべく水面《すいめん》に対《たい》して並行《へいこう》になるように意識《いしき》しましょう。

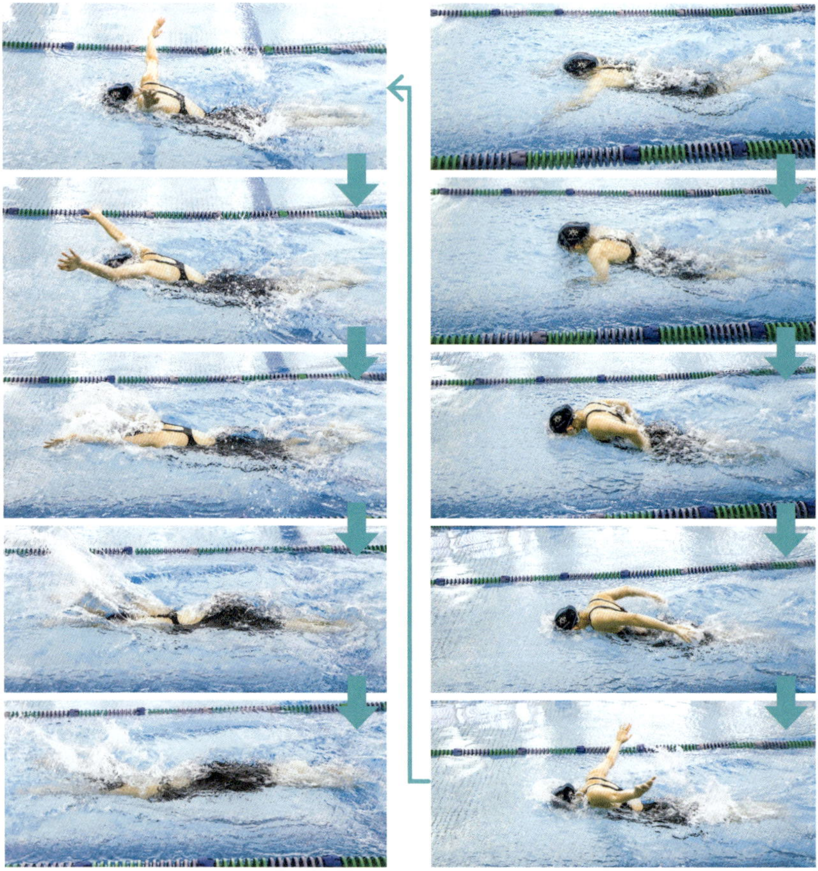

第《だい》6章《しょう》

もっと試合《しあい》で勝《か》つために知《し》っておこう

大会《たいかい》に出場《しゅつじょう》してみよう！ 事前《じぜん》の準備《じゅんび》がとても大事《だいじ》

いい準備《じゅんび》をすることがいい結果《けっか》につながる

泳《およ》げるようになったら大会《たいかい》に出場《しゅつじょう》してみましょう。初《はじ》めてのときは緊張《きんちょう》すると思《おも》いますが、事前《じぜん》にしっかり準備《じゅんび》をしていれば大丈夫《だいじょうぶ》です。

当日必要《とうじつひつよう》なものはなんなのか？ 試合《しあい》の場所《ばしょ》は？ 会場《かいじょう》に着《つ》いたらどこに行《い》くのか？ そういうことをコーチに聞《き》いて不安《ふあん》を取《と》りのぞいておくことが大切《たいせつ》です。もちろん、レースの前《まえ》には体操《たいそう》やウォーミングアップも必要《ひつよう》ですし、準備《じゅんび》をいかにしっかりできるかが、大事《だいじ》になります。

この章《しょう》ではレース前《まえ》の事前準備《じぜんじゅんび》やレースの際《さい》の禁止行為《きんしこうい》などを紹介《しょうかい》していきます。大会《たいかい》でいい結果《けっか》を残《のこ》すためには、いい準備《じゅんび》をして不安要素《ふあんようそ》をなくしておくこと。試合《しあい》のために必要《ひつよう》なことを覚《おぼ》えておきましょう。

第6章 もっと試合で勝つために知っておこう

問題 初級 31

レースに出場するときに使わないものをすべて選んでください。

1 ゴーグル

2 プルブイ

3 フィン

4 スイムキャップ

5 シュノーケル

全部泳ぐときに使うものだけど、レースでは使えないものもあるよ

113 答えがわかったらページをめくってね

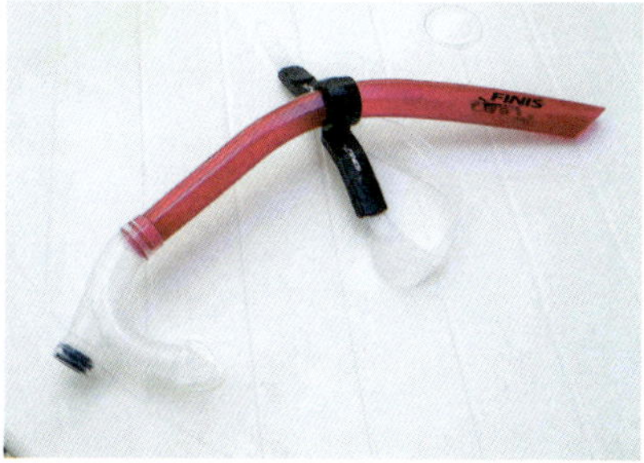

なんで

泳《およ》ぎを補助《ほじょ》するものは使《つか》えない

レースでは泳《およ》ぎを補助《ほじょ》するような道具《どうぐ》は使《つか》えません。FINA（国際水《こくさいすい》泳連盟《えいれんめい》）公認《こうにん》の水着《みずぎ》とゴーグル、スイムキャップ以外《いがい》の用具《ようぐ》を使《つか》うことはできません。なお、プルブイは足《あし》にはさんで下半身《かはんしん》の浮力《ふりょく》を得《え》るために使《つか》う補助具《ほじょぐ》。フィンは足《あし》ひれのことで、より大《おお》きな推進力《すいしんりょく》を得《え》ることができます。シュノーケルは水面《すいめん》から顔《かお》を出《だ》しての息《いき》つぎをすることなく呼吸《こきゅう》するための呼吸用具《こきゅうようぐ》のことです。

これ知《し》ってる？ **レースで便利《べんり》！　こんなグッズ**

レース会場《かいじょう》では水《みず》をぐんぐん吸収《きゅうしゅう》するセームタオルや、体《からだ》を冷《ひ》やさないようにするためのベンチコート、会場内《かいじょうない》での移動《いどう》に使《つか》うサンダルなどもあると役立《やくだ》ちます。サンダルは大会《たいかい》や会場《かいじょう》によっては使用禁止《しようきんし》の場合《ばあい》もあるので確認《かくにん》を忘《わす》れずに！

▲セームタオル

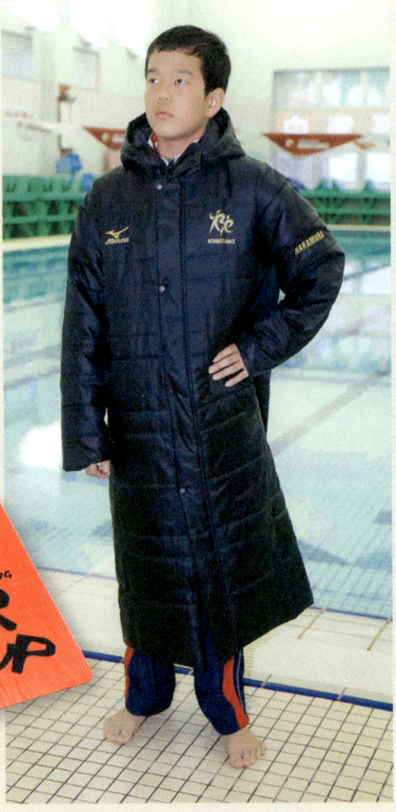
▲ベンチコート

31の答《こた》え
▼
2 プルブイ
3 フィン
5 シュノーケル

問題《もんだい》

32

中級《ちゅうきゅう》

レースのときはどんな水着《みずぎ》を着《き》るの？

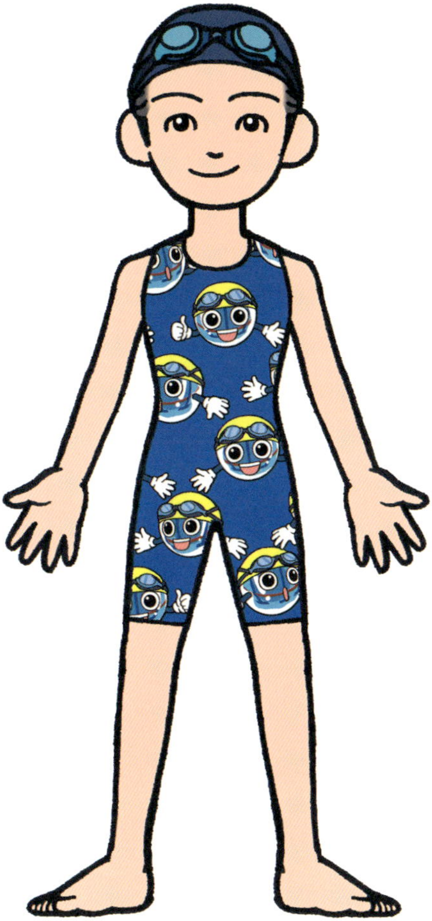

公認大会《こうにんたいかい》に出場《しゅつじょう》するには
□マークが入《はい》った
水着《みずぎ》でなければいけません。
□に入《はい》る言葉《ことば》を答《こた》えましょう。

＼ヒント／
hint

公式《こうしき》、公認大会《こうにんたいかい》に出場《しゅつじょう》している選手《せんしゅ》の水着《みずぎ》を思《おも》い出《だ》してみましょう。

答《こた》えがわかったらページをめくってね

32の答《こた》え ▼ FINAマーク

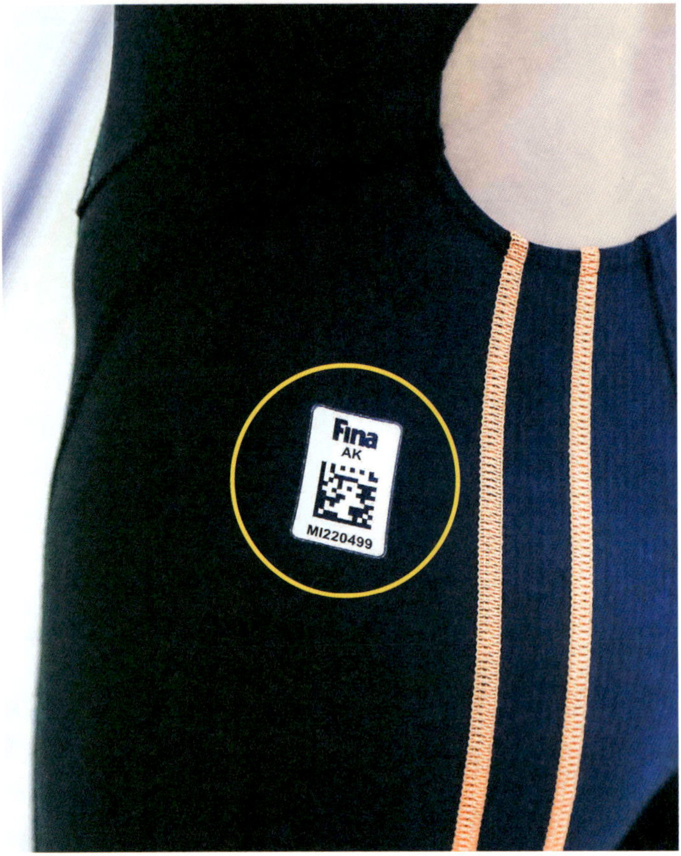

▶公認大会《こうにんたいかい》

日本国内《にほんこくない》で、競技大会《きょうぎたいかい》を統括《とうかつ》する日本水泳連盟《にほんすいえいれんめい》が認《みと》めた大会《たいかい》のこと

なんで

公認大会《こうにんたいかい》では水着《みずぎ》に決《き》まりがある

　公認大会《こうにんたいかい》では、レースで着用《ちゃくよう》できる水着《みずぎ》に決《き》まりが設《もう》けられており、水着《みずぎ》メーカーはその決《き》まりを守《まも》った製品《せいひん》を作《つく》ると、そのしるしとして「FINA マーク」を貼《は》り付《つ》けて水着《みずぎ》にします。FINA とは、国際水泳連《こくさいすいえいれん》盟《めい》（フランス語《ご》の Fédération Internationale de Natation の略《りゃく》）のこと。オリンピックや世界選手権《せかいせんしゅけん》などの世界的規模《せかいてききぼ》の水泳競技《すいえいきょうぎ》の統括《とうかつ》団体《だんたい》で、日本《にほん》も加盟《かめい》しています。そのため日本国内《にほんこくない》の公式《こうしき》、公認大会《こうにんたいかい》もFINA マークの入《はい》った水着《みずぎ》を着用《ちゃくよう》することになっています。

問題《もんだい》33 中級《ちゅうきゅう》

レース前《まえ》の飲食物《いんしょくぶつ》としてあまりふさわしくないものは次《つぎ》のうちのどれ？

1 おにぎり

2 バナナ

3 てんぷら

問題《もんだい》34 中級《ちゅうきゅう》

レースに出《で》るために、選手《せんしゅ》が必《かなら》ず集《あつ》まらなければいけない場所《ばしょ》はどこ？

1 招集場《しょうしゅうじょう》

2 観客席《かんきゃくせき》

3 ウォーミングアッププール

33の答《こた》え ▼ 3 てんぷら

なんで

消化《しょうか》がよくないから

レース前《まえ》に胃《い》にものが入《はい》っているのはあまりオススメできません。消《しょう》化《か》のよくない油物《あぶらもの》は避《さ》けたほうがよいでしょう。

34の答《こた》え ▶ 1 招集場《しょうしゅうじょう》

これ知《し》ってる？ 招集場《しょうしゅうじょう》に行《い》かなければレースに出《で》られない

レース前《まえ》、招集場《しょうしゅうじょう》に行《い》かなければ棄権《きけん》したとみなされます。招集場《しょうしゅうじょう》に行《い》かなければレースには出《で》られません。招集場《しょうしゅうじょう》では自分《じぶん》の泳《およ》ぐレーンを確認《かくにん》します。ウォーミングアッププールに行《い》かなくてもレースには出《しゅつ》場《じょう》できますが、ウォーミングアップはレース前《まえ》のコンディショニングを整《ととの》えるための重要《じゅうよう》な準備《じゅんび》なので、しっかり行《おこな》うようにしましょう。

問題《もんだい》 35

初級《しょきゅう》

スタート台《だい》の上《うえ》から飛《と》び込《こ》まない種目《しゅもく》は？

1 平泳《ひらおよ》ぎ

2 背泳《せおよ》ぎ

3 バタフライ

答《こた》えがわかったらページをめくってね

35の答《こた》え ▼ 2 背泳《せおよ》ぎ

なんで

背泳《せおよ》ぎは水中《すいちゅう》から

背泳《せおよ》ぎは水中《すいちゅう》からスタートします。スタート台《だい》につかまり、壁《かべ》を蹴《け》ってスタートします。

これ知《し》ってる？ スタート台《だい》について

日本水泳連盟公認大会《にほんすいえいれんめいこうにんたいかい》のスタート台《だい》には、スターティングブロックがついています（一部《いちぶ》、地域《ちいき》によってない場合《ばあい》もあります）。クロールや平泳《ひらおよ》ぎ、バタフライなどスタート台《だい》に乗《の》ってスタートする種目《しゅもく》の場合《ばあい》、ここに足《あし》をかけて飛《と》び込《こ》むことができます。背泳《せおよ》ぎのスタートでは、スタートを補助《ほじょ》する器具《きぐ》（バックストロークデバイス）が使《つか》われます。スタート台《だい》からぶら下《さ》げ、左右《さゆう》のベルトから渡《わた》され滑《すべ》り止《ど》め加工《かこう》されたバーに足《あし》をかけた状態《じょうたい》からスタートします。バーは高《たか》さを調節《ちょうせつ》できます。

問題《もんだい》
36
中級《ちゅうきゅう》

フライングは何回《なんかい》まで許《ゆる》される？

1 1回《かい》

2 2回《かい》

3 即失格《そくしっかく》

▶フライング

スタートの合図《あいず》に先立《さきだ》って飛《と》び出《だ》すこと。
不正出発《ふせいしゅっぱつ》。

36の答《こた》え

即失格《そくしっかく》

スタートのやりかた

1 審判長《しんぱんちょう》の長《なが》いホイッスルが鳴《な》ったらスタート台《だい》に上《あ》がる。背泳《せおよ》ぎは水中《すいちゅう》へ。
2 出発合図員《しゅっぱつあいずいん》の号令《ごうれい》（「Take your marks」）でスタート姿勢《しせい》をとる。背泳《せおよ》ぎは両手《りょうて》でバーを持《も》ち、バックストロークデバイス（スタート台《だい》からぶら下《さ》がっている足《あし》の滑《すべ》り止《ど》め）に足《あし》をかける。
3 出発合図員《しゅっぱつあいずいん》のスタートの合図《あいず》（ピッ！という電子音《でんしおん》の場合《ばあい》が多《おお》い）でスタート！

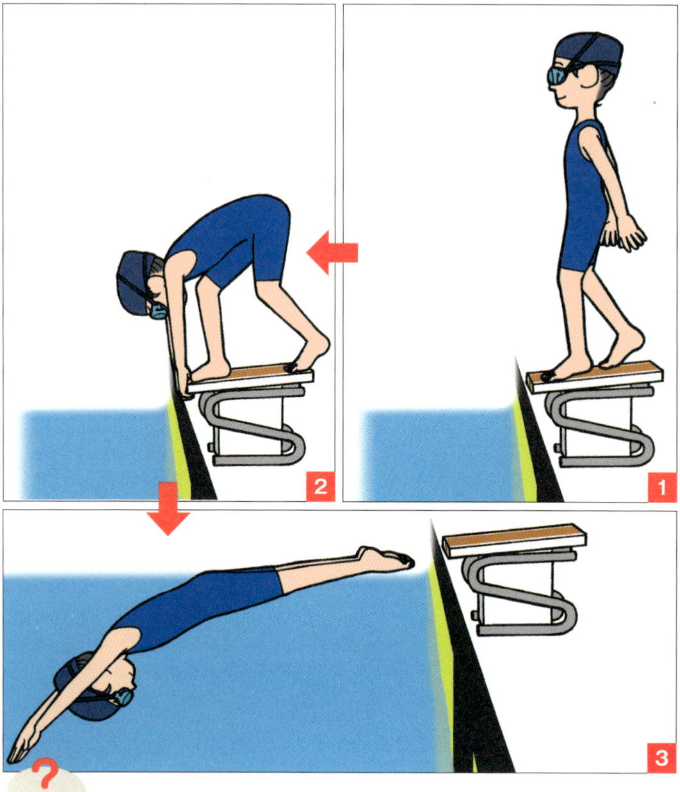

出発合図前《しゅっぱつあいずまえ》に動《うご》くと失格《しっかく》

以前《いぜん》は全体《ぜんたい》で1回《かい》のフライングは失格《しっかく》ではなく、2度目《どめ》のスタートの際《さい》にフライングをした選手《せんしゅ》が失格《しっかく》でした。しかし現在《げんざい》は出発合図《しゅっぱつあいず》の前《まえ》にスタートの動作《どうさ》をした場合《ばあい》や静止《せいし》していない場合《ばあい》、即失格《そくしっかく》となります。スタート台《だい》で構《かま》え、出発合《しゅっぱつあい》図員《ずいん》の「Take your marks」（用意《ようい》）の号令《ごうれい》が出《で》たら静止《せいし》をしましょう。動《うご》いてはいけません。動《うご》くと即失格《そくしっかく》です。

問題《もんだい》 37

中級《ちゅうきゅう》

自由形《じゆうがた》のルールでの失格行為《しっかくこうい》でないものはどれ？

1 立《た》つ

2 プールの底《そこ》を蹴《け》る

3 歩《ある》く

答《こた》えがわかったらページをめくってね

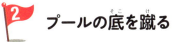

37の答《こた》え ▶ 1 立《た》つ

なんで

自由形《じゆうがた》は立《た》つこと自体《じたい》は失格《しっかく》ではない

泳《およ》いでいるときに足《あし》を着《つ》いて立《た》ったとしても失格《しっかく》にはなりません。しかし、立《た》ってから床《ゆか》や壁《かべ》を蹴《け》り、推進力《すいしんりょく》を得《え》ることは失格《しっかく》です。つまり、プールの底《そこ》を蹴《け》って推進力《すいしんりょく》を得《え》たり、歩《ある》いたりしてはいけません。

プールの底《そこ》を蹴《け》る

歩《ある》く

問題《もんだい》 38 上級《じょうきゅう》

メドレーリレーの順番《じゅんばん》で正《ただ》しいのは？

1. 順番《じゅんばん》は自由《じゆう》
2. 背泳《せおよ》ぎ ➡ 平泳《ひらおよ》ぎ ➡ バタフライ ➡ 自由形《じゆうがた》
3. 背泳《せおよ》ぎ ➡ バタフライ ➡ 平泳《ひらおよ》ぎ ➡ クロール

▶メドレー

4泳法《えいほう》でそれぞれ同《おな》じ距離《きょり》を泳《およ》ぐ競技《きょうぎ》。個人《こじん》メドレーとメドレーリレーがある。

38の答《こた》え ▶ 2 背泳《せおよ》ぎ → 平泳《ひらおよ》ぎ → バタフライ → 自由形《じゆうがた》

メドレーリレー

平泳《ひらおよ》ぎ

背泳《せおよ》ぎ

個人《こじん》メドレー

背泳《せおよ》ぎ

バタフライ

これ知《し》ってる？ 自由形《じゆうがた》はほかの3種目以外《しゅもくいがい》

4人《にん》が順番《じゅんばん》に泳《およ》ぐメドレーリレーの第一泳《だいいちえい》者《しゃ》は背《せ》泳《およ》ぎです。これはスタートで飛《と》び込《こ》み台《だい》を使《つか》えないためです。メドレーリレーの第四泳者《だいよんえいしゃ》の自由形《じゆうがた》は、ほかの3種目《しゅもく》（背《せ》泳《およ》ぎ、平泳《ひらおよ》ぎ、バタフライ）以外《いがい》であることがルールで決《き》められていて、多《おお》くの場合《ばあい》はクロールが選択《せんたく》されます。

また、自由形《じゆうがた》は泳《およ》いでいる間《あいだ》に泳法《えいほう》を変《か》えてはいけません。これは個人種目《こじんしゅもく》でも同《おな》じです。

自由形《じゆうがた》

バタフライ

自由形《じゆうがた》

平泳《ひらおよ》ぎ

これ知《し》ってる？

個人《こじん》とリレーで順番《じゅんばん》が違《ちが》う

解答《かいとう》にあるようにメドレーリレーは背泳《せおよ》ぎ→平泳《ひらおよ》ぎ→バタフライ→自由形《じゆうがた》の順番《じゅんばん》ですが、一人《ひとり》で泳《およ》ぐ個人《こじん》メドレーの場合《ばあい》は飛《と》び込《こ》みからスタートして、バタフライ→背泳《せおよ》ぎ→平泳《ひらおよ》ぎ→自由形《じゆうがた》の順番《じゅんばん》で泳《およ》ぎます。

問題《もんだい》 39 上級《じょうきゅう》

中級

潜《もぐ》ってのドルフィンキックは□メートルまでしてよい。□に入《はい》る数字《すうじ》は？

1 5

2 10

3 15

ドルフィンキックだけで
泳《およ》ぎきるのはダメだよ

これ知《し》ってる?

水中《すいちゅう》のドルフィンキックはスピードが出《で》る

スタートやターンのときに使《つか》われる水中《すいちゅう》でのドルフィンキックは水《みず》の抵抗《ていこう》が一番少《いちばんすく》なくスピードがよく出《で》ます。ただし、この水中《すいちゅう》でのドルフィンキックだけで泳《およ》ぐことはできません。

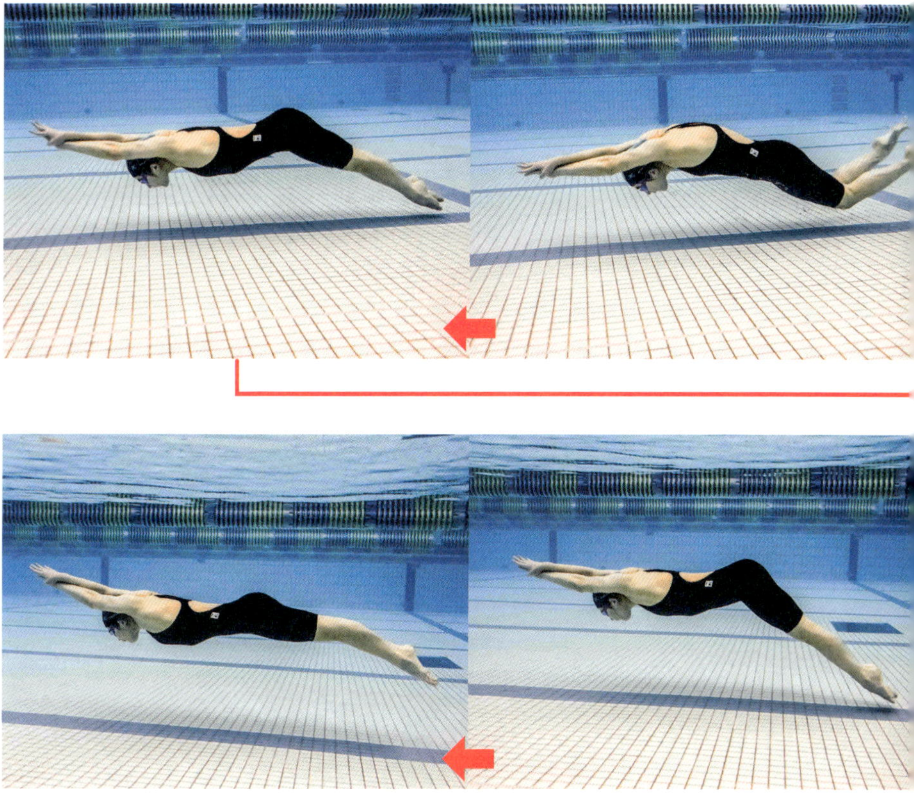

▲バタフライの潜《もぐ》ってのドルフィンキック

39の答《こた》え

▼

3

15

15メートル地点《ちてん》で頭《あたま》が出《で》ればOK

背泳《せおよ》ぎやクロール、バタフライの場合《ばあい》、水中《すいちゅう》でのドルフィンキックは壁《かべ》から15メートルまでOKです。ただし、15メートル地点《ちてん》までに頭《あたま》が水面上《すいめんじょう》に出《で》ていなければなりません。平泳《ひらおよ》ぎのスタートではドルフィンキックは一蹴《ひとけ》りだけ認《みと》められています。

これ知《し》ってる？ 背泳《せおよ》ぎはアゴがラインを越《こ》えるとNG

背泳《せおよ》ぎの場合《ばあい》、水中動作《すいちゅうどうさ》から浮《う》き上《あ》がってきたときにアゴが15メートルラインを越《こ》えていてはいけません。写真《しゃしん》のように15メートルラインを越《こ》える前《まえ》に浮《う》き上《あ》がればOK。

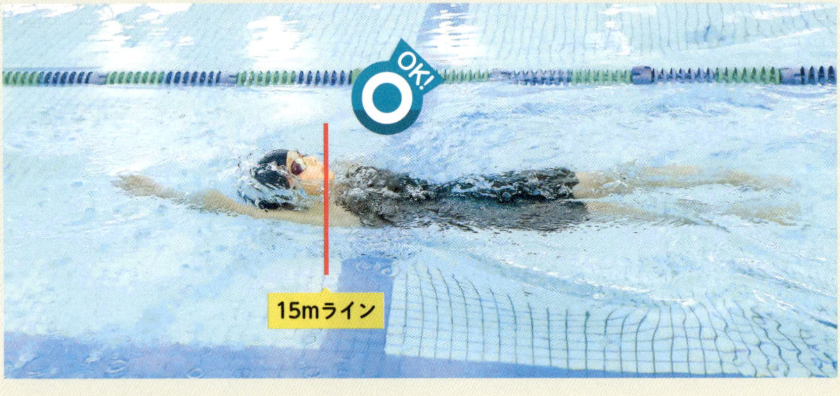

問題《もんだい》 40 中級《ちゅうきゅう》

バタフライで違反《いはん》ではないのはどっち？

1

2

＼ヒント／
hint

バタフライは左右《さゆう》の腕《うで》を交互《こうご》に動《うご》かすクロールとは泳《およ》ぎ方《かた》が違《ちが》います。

 答《こた》えがわかったらページをめくってね

40の答《こた》え ▼ 2

右腕《みぎうで》と左腕《ひだりうで》を同《おな》じに動《うご》かす

なんで

両手《りょうて》、両足《りょうあし》を同時《どうじ》に動《うご》かす

バタフライでは両手《りょうて》・両足《りょうあし》は交互《こうご》に動《うご》かしてはいけません。なので1のように左右《さゆう》が非対称《ひたいしょう》ではいけません。これは平泳《ひらおよ》ぎも同様《どうよう》です。

問題《もんだい》41 中級《ちゅうきゅう》

レースの前《まえ》と後《あと》で会場《かいじょう》でしたほうがいいのは？

レースの前後《ぜんご》は
体《からだ》の調子《ちょうし》を整《ととの》えないと
いけないよね

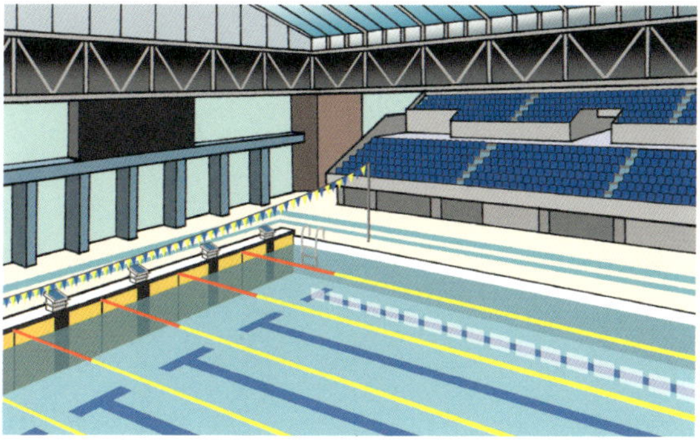

1 ストレッチ運動《うんどう》

2 スマートフォンのゲーム

3 クールダウン

4 ウォーミングアップ

ヒント
hint

答《こた》えは3つあります。ケガをしないためにも大事《だいじ》なことです。

答《こた》えがわかったらページをめくってね

41の答《こた》え

1 ストレッチ運動《うんどう》

3 クールダウン

4 ウォーミングアップ

なんで

ケガを予防《よぼう》し、体《からだ》を整《ととの》える

レースの前《まえ》はしっかり体《からだ》が動《うご》くように、またケガをしないために準備《じゅんび》が必要《ひつよう》です。レースのあとも、ストレッチ運動《うんどう》やサブプールがあればクールダウンを行《おこな》い、体《からだ》を整《ととの》えましょう。また、大会《たいかい》によっては参加賞《さんかしょう》や記録証《きろくしょう》が出《で》る場合《ばあい》があるので、忘《わす》れずに受《う》け取《と》って帰《かえ》りましょう！

問題《もんだい》 42 上級《じょうきゅう》

平《ひら》泳《およ》ぎとバタフライでターンするときのタッチで正《ただ》しいのは？

1 両手《りょうて》で同時《どうじ》タッチ

2 片手《かたて》だけでタッチ

3 時間差《じかんさ》でもいいので両手《りょうて》でタッチ

＼ヒント／ hint

クロールや背《せ》泳《およ》ぎのタッチと、バタフライや平《ひら》泳《およ》ぎのタッチは違《ちが》います。

42の答《こた》え ▼ 1

両手《りょうて》で同時《どうじ》タッチ

なんで

両手《りょうて》同時《どうじ》でタッチしなければ失格《しっかく》

平泳《ひらおよ》ぎとバタフライのタッチは両手《りょうて》同時《どうじ》でしなければレースでは失格《しっかく》になります。

日《ひ》ごろの練習《れんしゅう》から両手《りょうて》でタッチするようにしましょう。

NG! ✕ 片手《かたて》だけでタッチ

NG! ✕ 時間差《じかんさ》で両手《りょうて》タッチ

POINT

ターンで加速《かそく》しよう

ターンするときはしっかり両足《りょうあし》で壁《かべ》を蹴《け》って勢《いきお》いをつけて加速《かそく》しよう。

しっかりストレッチをしよう！

練習《れんしゅう》やレース前後《ぜんご》にはしっかりストレッチしましょう。

■腕《うで》

◀抱《かか》えた腕《うで》を手前《てまえ》に引《ひ》き寄《よ》せるようにする。どちらも行《おこな》う

■肩《かた》

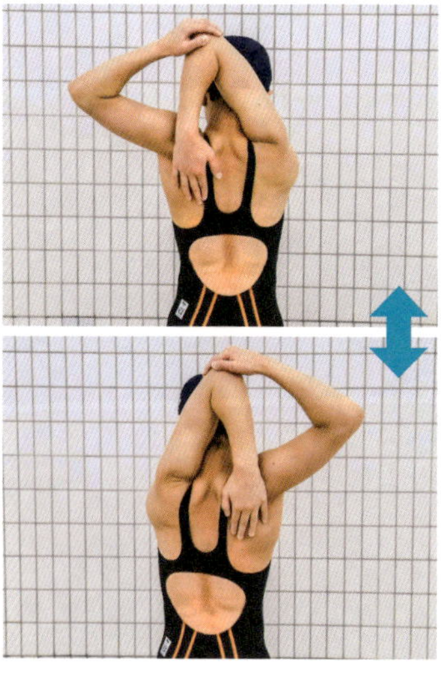

◀片手《かたて》でヒジを持《も》ち、体《からだ》の真《ま》ん中《なか》へ引《ひ》き寄《よ》せる。どちらも行《おこな》う

■首《くび》

◀両手《りょうて》を後頭部《こうとうぶ》へ当《あ》てて、ゆっくり前《まえ》に倒《たお》す

◀片手《かたて》で側頭部《そくとうぶ》を持《も》ち、横《よこ》に軽《かる》くおさえる。どちらも行《おこな》う

■手首《てくび》

▶指先《ゆびさき》を上《うえ》に向《む》けて手前《てまえ》に引《ひ》く。どちらも行《おこな》う

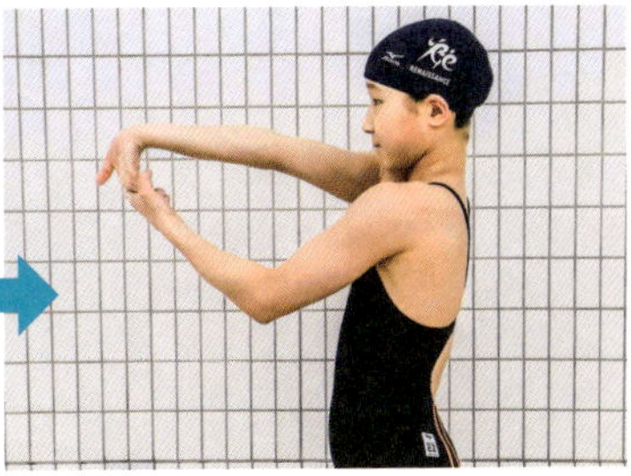

◀指先《ゆびさき》を下《した》に向《む》けて手前《てまえ》に引《ひ》く。どちらも行《おこな》う

■胸《むね》

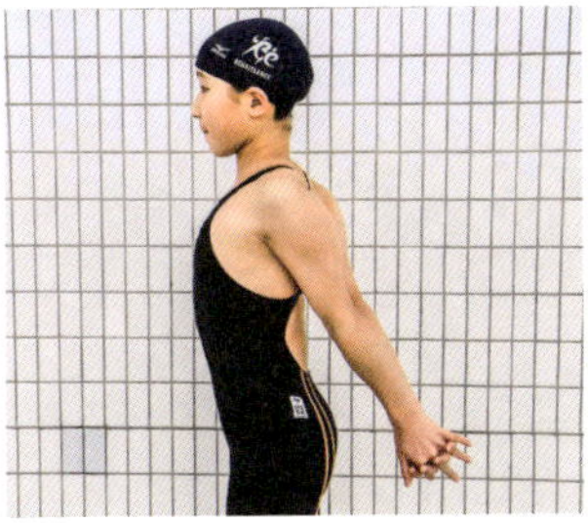

◀両手《りょうて》を後《うし》ろで組《く》み、斜《なな》め下方向《したほうこう》に伸《の》ばし、胸《むね》を大《おお》きく開《ひら》く

■背中《せなか》

◀両手《りょうて》を前《まえ》で組《く》み、おなかをのぞきこむように前《まえ》へ伸《の》ばす

■体側《たいそく》

◀指先《ゆびさき》をなるべく遠《とお》くへ伸《の》ばすように体《からだ》を横《よこ》に倒《たお》す。どちらも行《おこな》う

■もも

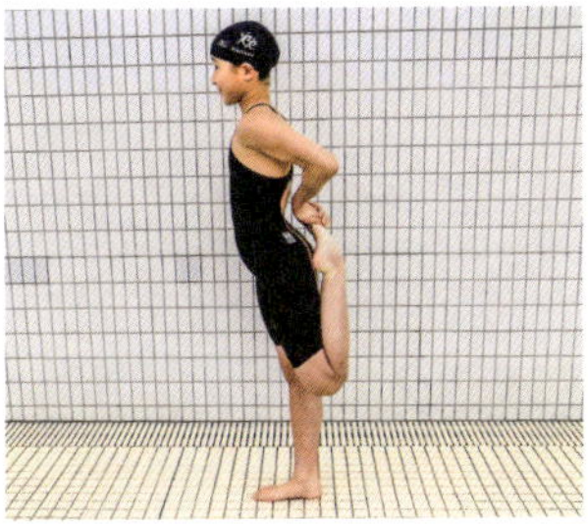

◀つま先《さき》をお尻《しり》に近《ちか》づけるようにして引《ひ》き寄《よ》せる。どちらも行《おこな》う

■お尻《しり》

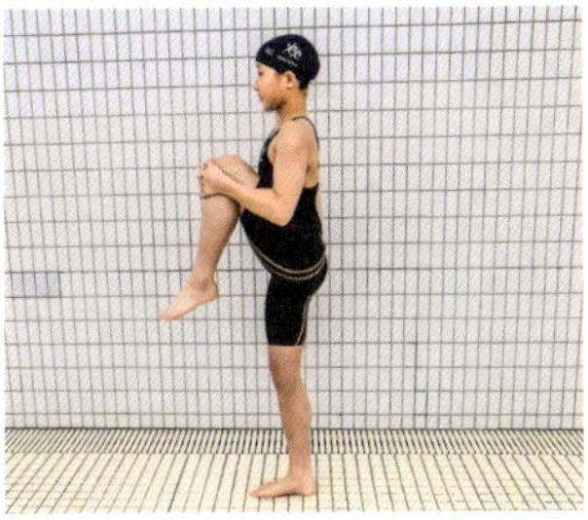

◀抱《かか》えた足《あし》を引《ひ》き寄《よ》せる。どちらも行《おこな》う

■ふくらはぎ

◀かかとが浮《う》かないように伸《の》ばす。どちらも行《おこな》う

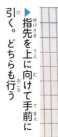

水泳《すいえい》用語集《ようごしゅう》（さくいん）

ア

ウィップキック……77・78
平泳《ひらおよ》ぎのキックの種類《しゅるい》のひとつ。左右《さゆう》のヒザをあまり開《ひら》かず、真後《まうし》ろへ蹴《け》る。

ウェッジキック……77～79
平泳《ひらおよ》ぎのキックの種類《しゅるい》のひとつ。左右《さゆう》のヒザを肩幅《かたはば》より広《ひろ》めに開《ひら》き、ヒザから下《した》を外側《そとがわ》から巻《ま》くような感《かん》じで蹴《け》る。

エントリー……22・60
手《て》（腕《うで》）を水中《すいちゅう》に入《い》れる動作《どうさ》のこと。

カ

キャッチ……21・22・100・103・105・106
水中《すいちゅう》で前《まえ》へ進《すす》むために水《みず》をつかむ動作《どうさ》のこと。手《て》を入水《にゅうすい》した直後《ちょくご》から、水《みず》を引《ひ》き寄《よ》せるまでの動作《どうさ》のことをいう。

クールダウン……133・134
練習《れんしゅう》の最後《さいご》やレース後《ご》に体《からだ》を整《ととの》える運動《うんどう》のこと。水泳《すいえい》の場合《ばあい》、プール内《ない》で短《みじか》い距離《きょり》や軽《かる》めのメニューを行《おこな》うことをいう。

けのび……17～20
両手《りょうて》を前《まえ》に伸《の》ばし、両足《りょうあし》をそろえてまっすぐな姿勢《しせい》になって水《みず》に浮《う》くこと。手《て》は重《かさ》ねて、両腕《りょううで》を両耳《りょうみみ》ではさむ。ストリームラインともいう。

公認大会《こうにんたいかい》……115・116
日本国内《にほんこくない》で水泳競技《すいえいきょうぎ》を統括《とうかつ》する日本水泳連盟《にほんすいえいれんめい》が認《みと》めた国際大会《こくさいたいかい》や公式大会《こうしきたいかい》のこと。

サ

自由形《じゆうがた》……14・123～127
競泳《きょうえい》の種目《しゅもく》のひとつ。泳者《えいじゃ》が自由《じゆう》に好《す》きな泳《およ》ぎ方《かた》を選択《せんたく》してよい種目《しゅもく》。多《おお》くはクロールが選択《せんたく》されるが、例《たと》えば、犬《いぬ》かきでもよい。ただし、レース中《ちゅう》に泳《およ》ぎ方《かた》を変更《へんこう》してはいけない。

招集場《しょうしゅうじょう》……117・118
レースに出場《しゅつじょう》する場合《ばあい》、レース前《まえ》に必《かなら》ず行《い》かなければならない場所《ばしょ》。泳《およ》ぐレーンを確認《かくにん》して、出《しゅつ》場意志《じょういし》を表明《ひょうめい》する。

ストリームライン……18・85・92～94
両手《りょうて》を前《まえ》に伸《の》ばし、両足《りょうあし》をそろえてまっすぐな姿勢《しせい》になって水《みず》に浮《う》くこと。手《て》は重《かさ》ねて、両腕《りょううで》を両耳《りょうみみ》ではさむ。けのびともいう。

ストローク……22・39・40・99・100・104・108・109
泳《およ》ぎの一連《いちれん》の動作《どうさ》のこと。一連《いちれん》の動作《どうさ》とは、「エントリー（入水《にゅうすい》）→キャッチ（水《みず》をつかむ）→プルまたはプッシュ（水《みず》を押《お》す）→リカバリー」までの動《うご》きのこと。

背《せ》浮《う》き……51～54
あお向《む》けになって水《みず》に浮《う》く姿勢《しせい》のこと。軽《かる》くアゴを引《ひ》き、背中《せなか》をまっすぐにして浮《う》く。背泳《せおよ》ぎの基本姿勢《きほんしせい》となる。

タ

ターン …… 135・137
水中《すいちゅう》で壁《かべ》にタッチして折《お》り返《かえ》す動作《どうさ》のこと。

第《だい》1キック …… 100・109
バタフライで最初《さいしょ》に行《おこな》うキックのこと。入水《にゅうすい》したときに行《おこな》う。

第《だい》2キック …… 100・109
バタフライで2番目《ばんめ》に行《おこな》うキックのこと。水《みず》をかききるときに行《おこな》う。

短水路《たんすいろ》 …… 15・16
競泳用《きょうえいよう》の25mプールのこと。長水路《ちょうすいろ》(50m)と同《どう》様《よう》、日本記録《にほんきろく》や世界記録《せかいきろく》があり、大会《たいかい》もある。

長水路《ちょうすいろ》 …… 15・16
競泳用《きょうえいよう》の50mプールのこと。オリンピックや日《に》本選手権《ほんせんしゅけん》、世界選手権《せかいせんしゅけん》は長水路《ちょうすいろ》で行《おこな》われる。日《に》本記録《ほんきろく》や世界記録《せかいきろく》がある。

ドルフィンキック …… 77・78・97・98・128〜130
水中《すいちゅう》で足《あし》をそろえ、足《あし》の甲《こう》で水《みず》を上下《じょうげ》に押《お》すキック。バタフライのキックのこと。またはクロール、背泳《せおよ》ぎ、バタフライのスタートやターンの後《あと》に水中《すいちゅう》で行《おこな》うキック。平泳《ひらおよ》ぎでは一蹴《ひとけ》りだけできる。背泳《せおよ》ぎではバサロキックともいう。

ハ

バックストロークデバイス …… 120・122
背泳《せおよ》ぎ用《よう》のスタート補助具《ほじょぐ》。スタート台《だい》から水《すい》中《ちゅう》にぶら下《さ》げたバーに足《あし》をひっかけて、足《あし》の滑《すべ》り止《ど》めとして使《つか》う。

プッシュ …… 21・22・60・71・105・106
水中《すいちゅう》で手《て》で水《みず》を押《お》し出《だ》す動作《どうさ》のこと。フィニッシュともいう。

フライング …… 121・122
スタートの合図《あいず》より先《さき》にスタートすること。競《きょう》泳《えい》では1回《かい》のフライングで失格《しっかく》となる。

プル …… 21・22・105・106
水中《すいちゅう》で水《みず》を手《て》で引《ひ》き寄《よ》せる動作《どうさ》のこと。

マ

メドレー …… 125〜127
4泳法《えいほう》でそれぞれ同《おな》じ距離《きょり》を泳《およ》ぐ競技《きょうぎ》。種目《しゅもく》としては個人《こじん》メドレーとメドレーリレーがある。個人《こじん》メドレーは、バタフライ→背泳《せおよ》ぎ→平泳《ひらおよ》ぎ→自由形《じゆうがた》の順《じゅん》。メドレーリレーは背泳《せおよ》ぎ→平泳《ひらおよ》ぎ→バタフライ→自由形《じゆうがた》の順《じゅん》で泳《およ》ぐ。

ラ

リカバリー …… 22・36・63・105・106
水中《すいちゅう》での腕《うで》の動作《どうさ》のひとつ。水《みず》をかいたあと水《すい》面《めん》に腕《うで》を出《だ》し、次《つぎ》のストローク動作《どうさ》に移《うつ》るための動《うご》きのこと。

ローリング動作《どうさ》 …… 58・69
クロールや背泳《せおよ》ぎで、キックやストローク動作《どうさ》にあわせて体《からだ》の中心《ちゅうしん》を軸《じく》に左右《さゆう》に傾《かたむ》く動作《どうさ》のこと。腕《うで》を回《まわ》す際《さい》に体《からだ》を傾《かたむ》けることで推進力《すいしんりょく》に自《し》然《ぜん》につなげる動作《どうさ》。

おわりに

迷《まよ》ったときには初心《しょしん》にかえる
チャレンジ精神《せいしん》を持《も》って楽《たの》しみましょう

私《わたし》は20歳《はたち》のときに水泳《すいえい》のコーチとして指導《しどう》を始《はじ》め、ベビースイミングから、ジュニア、一般《いっぱん》、そしてマスターズ…と、これまでたくさんの人《ひと》を指導《しどう》してきました。

スイミングスクールに通《かよ》い始《はじ》めるきっかけは人《ひと》それぞれです。「体《からだ》をじょうぶにするため」という人《ひと》もいれば、学校《がっこう》の水泳《すいえい》の授業《じゅぎょう》のために「基本《きほん》を学《まな》びたい」という人《ひと》もいますし、「オリンピック選手《せんしゅ》にあこがれて」という人《ひと》もいます。どんな理由《りゆう》であれ、水泳《すいえい》を続《つづ》け、どんどん上達《じょうたつ》していく人《ひと》には共通点《きょうつうてん》があります。それは自分《じぶん》で考《かんが》え、自発的《じはつてき》に取《と》り組《く》む姿勢《しせい》を持《も》っていること。教《おし》えられるのを待《ま》つのではなく、自《みずか》らいろいろなことにチャレンジしていく姿勢《しせい》です。これは、水泳《すいえい》に限《かぎ》らず、どんなことにも言《い》えるかもしれません。

ぜひあなたも、チャレンジ精神《せいしん》を持《も》って水泳《すいえい》を楽《たの》しんでほしいと思《おも》います。ときに進歩《しんぽ》のペースが落《お》ち、壁《かべ》にぶつかることがあるかもしれません。それは上達《じょうたつ》しているしるしです。そんなときはあせらず、この本《ほん》を読《よ》んで基本《きほん》に立《た》ち返《かえ》ってください。

どんなことも悩《なや》んだり、迷《まよ》ったりしたときは「初心《しょしん》にかえる」。これが大切《たいせつ》だと思《おも》います。あきらめずに練習《れんしゅう》を続《つづ》けることで、やがて自分《じぶん》なりの突破口《とっぱこう》が見《み》つかり、水泳《すいえい》の新《あら》たなおもしろさを発見《はっけん》する日《ひ》がくるはずです。

村上《むらかみ》二美也《ふみや》

●著者《ちょしゃ》　村上二美也《むらかみふみや》

1960年《ねん》4月《がつ》26日《にち》生《う》まれ、秋田県出身《あきたけんしゅっしん》。秋田県立角館高《あきたけんりつかくのだてこう》→東京体育専門学校卒《とうきょうたいいくせんもんがっこうそつ》。20歳《はたち》のときＶＩＰスイミングスクールで水泳《すいえい》コーチを始《はじ》め、スポーツクラブＡＺなどを経《へ》て、2010年《ねん》（株《かぶ》）ルネサンスに入社《にゅうしゃ》。亀戸校《かめいどこう》で選手育成《せんしゅいくせい》コーチとして強化指導《きょうかしどう》にあたり、2016年《ねん》リオ五輪代表《ごりんだいひょう》で2020年東京五輪出場《ねんとうきょうごりんしゅつじょう》を目指《めざ》す池江璃花子《いけえりかこ》らトップ選手《せんしゅ》を担当《たんとう》。2016年秋《ねんあき》より本社強化部所属《ほんしゃきょうかぶしょぞく》。自身《じしん》は高校球児《こうこうきゅうじ》で競泳《きょうえい》の経験《けいけん》はないが、ベビースイミングから、ジュニア、一般《いっぱん》、マスターズクラスまで幅広《はばひろ》いレベルを指導《しどう》した経験《けいけん》から、独自《どくじ》の理論《りろん》を構築《こうちく》。多《おお》くのトップ選手《せんしゅ》を指導《しどう》してきた。とくにジュニア選手《せんしゅ》の育成《いくせい》には定評《ていひょう》がある。

●協力《きょうりょく》　古賀哲哉《こがてつや》

●モデル

中村《なかむら》 匡希《まさき》

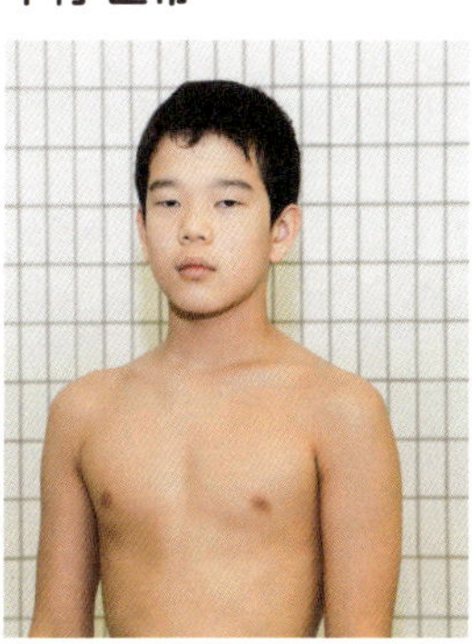

宮本《みやもと》 佳奈《かな》

飯島《いいじま》 夕貴《ゆうき》

デザイン／有限会社ライトハウス
黄川田洋志、井上菜奈美、
藤本麻衣、山岸美菜子
明日未来（おおきな木）
イラスト／丸口洋平

写　　真／中島健一
写真協力／スイミングマガジン
編　　集／佐藤温夏
有限会社ライトハウス
（佐久間一彦、松川亜樹子）

クイズでスポーツがうまくなる

知《し》ってる？ 水《すい》泳《えい》

2017年10月20日　第1版第1刷発行

著　　者／村上《むらかみ》二《ふ》美《み》也《や》
発 行 人／池田哲雄
発 行 所／株式会社ベースボール・マガジン社
〒103-8482
東京都中央区日本橋浜町2-61-9 TIE浜町ビル
電話　03-5643-3930（販売部）
03-5643-3885（出版部）
振替口座　00180-6-46620
http://www.bbm-japan.com/

印刷・製本／広研印刷株式会社

ISBN978-4-583-10958-9 C2075